TERRIBLY IN LOVE

SIAUBINGAI ĮSIMYLĖJUS

Rinktinė

Tautvyda
MARCINKEVIČIŪTĖ

Redagavo H. L. Hix *ir* Julie Kane

Įvadas Julie Kane

Vertė autorė, Julie Kane, H. L. Hix,
Rima Krasauskytė, Nonmatteria Ooho,
Jonas Zdanys *ir* Manly Johnson

LOST HORSE PRESS
Sandpoint, Idaho

TERRIBLY IN LOVE

Selected Poems

Tautvyda
MARCINKEVIČIŪTĖ

Edited by H. L. Hix & Julie Kane

Introduction by Julie Kane

Translated from the Lithuanian by the author, Julie Kane,
H. L. Hix, Rima Krasauskytė, Nonmatteria Ooho,
Jonas Zdanys & Manly Johnson

LOST HORSE PRESS
Sandpoint, Idaho

Cover Art: My Road (II), 1907, by Mikalojus Konstantinas Čiurlionis
Author Photo: Vladas Braziūnas
Book Design: Christine Holbert

FIRST EDITION

This and other fine Lost Horse Press titles may be viewed online at www.losthorsepress.org.

CATALOGUING-IN-PUBLICATION DATA

Names: Marcinkeviciute, Tautvyda, author. | Hix, H. L., editor. | Kane, Julie, editor.
Title: Terribly in love : selected poems / by Tautvyda Marcinkeviciute ; edited by H. L. Hix and Julie Kane.
Description: Sandpoint, Idaho : Lost Horse Press, [2018]
Identifiers: LCCN 2018030982 | ISBN 9780998196398 (trade pbk. : alk. paper)
Subjects: LCSH: Marcinkeviéciåutçe, Tautvyda—Translations into English.
Classification: LCC PG8722.23.A29 A2 2018 | DDC 891/.9213—dc23
LC record available at https://lccn.loc.gov/2018030982

Table of Contents

Introduction

Tautvyda Marcinkevičiūtė was born on July 31, 1955, in Kaunas, Lithuania. During the previous decade, Soviet troops had invaded Lithuania and thousands of so-called "intellectuals" had been arrested, executed, or banished to Siberian prison camps. Then Hitler's Army had arrived, torching synagogues, rounding up Lithuanian Jews and slaughtering them, or shipping them to their deaths in concentration camps. As World War II ended, the United States turned a blind eye as Stalin annexed Lithuania and the other two Baltic Republics. A hundred thousand more Lithuanian citizens were banished to Siberia, and the Iron Curtain clanged down on those remaining poets and writers who had not managed to flee the country.

'Socialist Realism' became the only acceptable style for art and literature, enforced by Soviet censors and the KGB secret police. Writers and artists had to glorify communist ideology in a simple, direct, and realistic manner; poets were also expected to rhyme and to avoid devices such as metaphors that could create ambiguity. As poet Kornelijus Platelis has reported, "Even poetic delight in nature or the celebration of human love, friendship, or maternal emotions was labeled as 'an escape from reality' and considered a political offense."

In this dismal atmosphere, Marcinkevičiūtė grew up with a hunger for books and literature. Myths and fairy tales were her earliest, and perhaps deepest, literary influence. The late critic Rimvydas Šilbajoris observed how (as in myths and fairy tales) persons and things in Marcinkevičiūtė's poems can transform rapidly into entirely different creations: "Marcinkevičiūtė," he wrote, "is fond of transitions from one category of being to another, not exactly as in a metaphor, but 'really,' when words and things continue functioning in a new way after having been turned into something else." Lithuania provided the poet with a rich trove of native myths and folk tales recorded in earlier decades from its oral tradition. She also searched out books about Greek mythology and collections of fairy tales by the Brothers Grimm, Hans Christian Andersen, Wilhelm Hauff, and Russian writers.

Marcinkevičiūtė has described, in an interview, how difficult it was to obtain books during her formative years. Many were banned outright by the Soviets, and "One had to have a familiar bookseller in the book shop, because good books disappeared from the bookstores almost at the same moment they were brought to them." Trusted friends circulated handwritten copies of books *(samizdats)* among themselves, sometimes only for the loan of a single night. But somehow Marcinkevičiūtė managed to discover the Russian women poets Anna Akhmatova, Bella Akmadulina, and—her "first love in poetry"—Marina Tsvetaeva, all of whose works were banned at the time. "She is more alive in her poems being dead than any other alive person can be alive," said Marcinkevičiūtė of Tsvetaeva, who lived in bitter exile in Europe after the Russian Revolution, then returned home to Russia in 1939 only to commit suicide at the age of forty-nine.

Having studied Romance languages in high school, Marcinkevičiūtė decided that she wanted to become a translator. She applied to the Kaunas campus of Vilnius University, winning a scholarship to an English language program that accepted only one out of every five applicants. While still an undergraduate, she published some poems in her local newspaper, *Kauno diena;* then, in 1978, in the journal *Nemunas*—her national poetic debut. A year later she graduated from the university, going to work for the Kaunas Bureau of Travel and Excursions as a Russian- and English-language tour guide.

By this time Marcinkevičiūtė had joined a junior-level organization of writers who were preparing their first or second books for publication. Membership in the Soviet-era Lithuanian Writers Union was not normally granted until after one had published two books. "After these meetings," she explained to an interviewer, "we became more or less bohemian and went to cafés or to somebody's house all together." One such evening at the "House of Artists" in Kaunas, poet Gintaras Patack-as sat down at the piano and began to play and sing one of his own songs with very little skill but "great zeal," as Marcinkevičiūtė recalled. Patackas had just returned to his native Kaunas from the capital city of Vilnius. Married and a father, he was also an ex-wrestler, a drinker, and a brawler with a "wildly experimental" poetic style, as critic Vyt Bakai-tis put it. Fearlessly, Patackas critiqued the Soviet system in poems that were thinly disguised allegories, their meanings obvious to Lithuanian readers but not to the Soviet censors. He was "the lion of Kaunas bohe-mia," in the words of Edita Gruiniūtė.

Marcinkevičiūtė and Patackas cemented a friendship, then began to date. They were married in 1986, six years after their first meeting. Their son Gajus was born the following year, and their daughter Gudrūna seven years later. As with Ted Hughes and Sylvia Plath—whose poems Mar-cinkevičiūtė would translate into Lithuanian, and who would become almost as powerful an influence as Tsvetaeva upon her work—the couple saw the husband achieve literary fame prior to the wife. But Marcinkev-ičiūtė's reputation grew quietly and steadily. Her first book, *Gyvybės graužatis (Sorrow of Life)* came out in 1984 from Vaga, the state pub-lishing house. It won the 1984 Zigmas Gėlė first book prize and attracted the attention of esteemed poet Jonas Strielkūnas. Writing in the journal *Pergalė* (now called *Metai*), Strielkūnas compared Marcinkevičiūtė to Tsvetaeva and asked how it was that a woman poet could write so *ratio-nally,* unlike other women poets.

As the tone of that review should convey, women poets in Lithuania faced a heavily patriarchal society and literary culture. Examining a ref-erence volume on Soviet Lithuanian writers published in 1989, scholar Solveiga Daugirdaitė found that only about one-seventh of the biograph-ical entries were devoted to women. But unlike women poets of previous generations who produced "gender neutral" poems in their bids to gain acceptance, Marcinkevičiūtė wrote boldly about female-gendered sub-jects such as childbirth, nursing, abortion, infanticide, dolls, makeup, hair dye, nail polish, lingerie, and shaving one's legs and armpits. In some poems she even mocked traditional gender roles, imagining a

"Pregnant Man" and an abusive male who was a cross-dresser on the side. Her female poetic persona could be ferocious, ambitious, and indifferent to those bound to her by ties of intimacy. The persona of "Metro," for example, compares herself to a subway train with her demanding children and relatives riding on board—a train whose conductor has died. As Jonas Zdanys put it in *Five Lithuanian Women Poets,* "[T]he female voice in her poems is firm, self-directed, sometimes harsh, and at times even removed from easy and direct connection with traditional values and the expectations of others. It is on occasion a ragged and rasping voice that speaks with power to the ills women continue to suffer at the hands of others."

Although Marcinkevičiūtė critiques the patriarchal structure of Lithuanian society, she is a fierce nationalist when it comes to the Lithuanian language. Lithuanian is the closest living relative of ancient Sanskrit and the least changed of any Indo-European language still spoken today. It is notoriously difficult to master, even for native-born speakers, on account of its many cases and declension patterns and its floating accents. Up until two centuries ago, it was not considered fit for literary expression, although it spawned a rich trove of folk song lyrics and folk tales; the first poem in Lithuanian was not published until 1818. For much of the time after that, the language was suppressed as foreign powers occupied the country. From 1863 until 1904, under Russian domination, Lithuanians were forbidden to publish anything that was not in the Russian Cyrillic alphabet. Under the Soviets from the 1940s until 1991, Lithuanians saw Russian implemented as the official language of their native land. After such a long struggle to keep their ancient language alive, contemporary poets writing in Lithuanian have to face the reality that only a few million people on the planet can understand their words. In her poem "The Map of Irish Poetry," not included here, Marcinkevičiūtė speaks through the mask of an Irish-language poet to express her own plight. The native language is "proud and independent like a woman, / by its every syllable rejecting the Anglo-Saxon marital yoke, / the seducer grass-snake who offers her wealth / and world recognition . . ." In an interview, Marcinkevičiūtė admitted that "everything that was said about

Irish is about the Lithuanian language as well, only our marital yoke was Russia." As of this writing, however, Marcinkevičiūtė's poems have been translated into English, German, French, Italian, Portuguese, Finnish, Latvian, Russian, Georgian, Ukrainian, Bulgarian, Hungarian, and Japanese, giving hope that a writer can spurn the grass-snake and still gain world recognition.

Lithuania remains a largely rural nation—its landscapes dotted with small towns, windmills, and family farms—and its leading poets have traditionally hewn close to nature and village life in their subject matter. But Marcinkevičiūtė, from her country's second-largest city of Kaunas, "is among a handful of Lithuanian poets with a commitment to securing and championing a kind of intellectual urban poetry," in the words of Jonas Zdanys. Marcinkevičiūtė's love for the landmarks of Kaunas rivals that of other poets for birch forests or the northern lake country. The city is situated at the confluence of two rivers, the Nemunas and the Neris, like "a big ship about to plunge into international waters," she told an interviewer. She went on to speak with fondness of the city's Flemish-style Old Town (in contrast to the Italianate Old Town of Vilnius), its thirteenth-century castle, and the main pedestrian walkway, Freedom Alley, where people go to be seen and to run into everyone they know. One might have to look closely to discover the sense of place in her work, but it abides there: alongside beggars and dumpsters and addicts' discarded needles, the city square with its summery outdoor café tables in "Old Bachelor," the "city's central avenue" of "The Trash Collector," the Nemunas River weeds of "The Wagtail on the Chimney," and perhaps even the castle in "The Grave of an Unknown Princess." "Kaunas is a place which inspires me and which I miss wherever I am," Marcinkevičiūtė told her interviewer.

Marcinkevičiūtė writes formal poems, lineated free-verse poems, and prose poems with equal skill. She has said that there is a relationship between the content of a poem and the style that she chooses. Her rhymed and metered poems create "another sound" that competes with the poem's sense for the reader's attention. Marcinkevičiūtė likened it to the mother fox luring a predator away from the cave that contains her kits. In her lineated free-verse poems, she explained, the words are like enchanted objects in a fairytale cave, turning into other things when touched and establishing correspondences with each other. "In prose poems," she said, "you must be a long distance, marathon runner who experiences previous runs"—the images and associations piling up with a breathless sense of urgency.

Prior to the collapse of the Soviet Union in 1991, Marcinkevičiūtė had published her second book of poems and toured the United States with her husband, giving readings in expatriate Lithuanian communities. Some readers may remember that it was Lithuania's bold declaration of independence from the USSR that set in motion the events which brought about the collapse of the Iron Curtain—although fourteen Lithuanians were killed and over seven hundred injured when Soviet troops and tanks bore down on one peaceful demonstration, outside of the Vilnius TV tower. But the freedom they so longed for has created new challenges for Lithuania's poets. During the Soviet era, the government paid writers to write and financed publication of their books, as long as they appeared to comply with communist ideology. The reading audience looked to poetry with almost mystical awe and respect as the refuge of their homeland's soul and the site of coded resistance to authority. With independence, however, writers have had to scramble to find ways to earn a living. While sales of romance and detective novels have soared, the audience for poetry has dwindled. As poet Giedrė Kazlauskaitė observed in the online journal, *The Drunken Boat*, "Young people are writing, but they don't see any noble mission in it. It gives no pragmatic advantage, no popularity, no honor. (As it did in Soviet times.) To write now is just an instinct." In a 2010 interview with Edita Gruiniūtė, Marcinkevičiūtė acknowledged that "it is not so easy to live from creation today. There are almost no orders for poetry."

Poets were superstars back when Marcinkevičiūtė published her first poems in the Kaunas daily paper. Now, poetry itself has become "a diminished thing" in Lithuania, and yet within that shrunken, looking-glass world, Marcinkevičiūtė has achieved fame and critical respect. Her seventh collection of poems, *Juodasis asfalto veidrosis* ("Black Asphalt

Mirror," 1998), earned the *Moteris* (Women's) Prize in 1999. The collection that followed, *Gatvės muzikantas (Street Musician,* 2001), won the 2002 *Kauno diena* Prize and the *One Litas* Prize, and earned her a nomination for Poetry Spring Laureate—the equivalent of our U.S. Poet Laureate position. Numerous prizes, international residencies, and fellowships have since followed, and she would go on to win the Poetry Spring Laureateship in the year 2013. Her most recent poetry collection, her eleventh, is *My Poe(m)other* (2017).

While continuing to write and publish poetry, Marcinkevičiūtė has branched out in new directions as a children's book author and translator. She discovered that she enjoys writing poems for children—tapping a playful, upbeat dimension to her creativity that had previously gone unexplored. "Writing for adult readers, I try to plunge into the depths of my soul," she explained. "Those emotions which I can't use in my poems for adults, I experience writing for children. I can improvise, I can play with words, I imagine this wonderful world which I must find together with children. The world seems completely new for me." To date she has published three collections of poems for children.

Marcinkevičiūtė has been drawn to translate the poems of Sylvia Plath, Anne Sexton, and Edna St. Vincent Millay into Lithuanian, including a book-length collection of Plath translations authorized by the Plath estate. Yet she also translated Shakespeare's *Taming of the Shrew* for the Youth Theater of Vilnius. Watching it staged on opening night, said Marcinkevičiūtė, it was "new and no longer belonging to me. And though I mostly knew what the actors would say, shivers went through my body when the actors were saying words translated by me. They seemed so meaningful." She has since translated three more of Shakespeare's plays, as well as two by Christopher Marlowe. And she translated Shakespeare's *Sonnets* into Lithuanian not only once, but twice. The first time, she concentrated on getting the meanings as close to the originals as possible. Dissatisfied with the results, she set them aside. When she returned to them after some time had passed, she noticed "the limping of my own poetic technique" and began trying to render Shakespeare's music into Lithuanian, as well.

The editors of this volume, too, hope that both the meaning and the music of our featured poet will survive these acts of translation. We believe that Marcinkevičiūtė's poetic voice is searing, original, and unforgettable, and that her name deserves to be uttered in the same breath with those of Tsvetaeva and Plath. But that's enough from us, by way of introduction: now turn the page, and prepare to fall terribly in love.

—*Julie Kane*

Man Patiktų

Man patiktų
    lankytis narkomanų landynėse nepaskutiniu Marijos
    pavidalu, kai nesterilus švirkštas atrodo
    lyg susibroliavimo įrankis visiems, kuriuos
    skiria odos ir valstybių sienos, susitikti dausose:
Man patiktų
    tarp pirštų perrinkinėti maldas mediniais
    karoliais, kuriuos skaptavo kažkieno šiltos rankos,
    kažkieno—pasivadinusio Rama Krišna:
Man patiktų
    pabėgus nuo Tėvo ir Mamos pamokymų,
    miegoti prekiniuose vagonuose tarp
    apelsinų ir pašto siuntų, slenkant pro
    šalį Samaros ir Astrachanės gamtovaizdžiams:
Man patiktų
    plauti indus Lotynų kvartalo užkandinėse,
    pjaustyti kubikais rubikais kalnus
    daržovių Soho kavinėse, alkanomis
    akimis vakarais įsispitrinant į reklamų
    spindesį virš prekystalių:
Man patiktų
    nepasirodyti darbovietėse savaitėmis ir
    mėnesiais, verkšlenti dėl mažo
    atlyginimo ir gyvenimo bendrabučiuose
    su prakiurusiais lietvamzdžiais:
Man patiktų
    keisti darbo vietas kaip pamestas
    pirštines, įžūliai meluoti solidiems
    gamyklų direktoriams ir parduotuvių
    kontrolieriams, nepaisyti vidaus reikalų
    skyrių ir teismo tarėjų,

I Would Like

I would like
      to drop in on drugtakers' dreams
      where for everyone separated
      by walls of skin and state
      unsterile needles, not
      the last incarnation of Mary,
      seem the instruments
      for brotherhood in Paradise;

I would like
      to murmur mantras, fingering wooden beads
      shaped by someone's warm hands, someone
      calling himself Ramakrishna;

I would like
      to turn away from mother and father's morals,
      to sleep between oranges and mail
      in train cars crowded with goods,
      running my eyes through
      Samaran and Astrachan landscapes;

I would like
      to wash dishes in inns of Montmartre
      and bistros of São Paulo,
      to cut into ruby cubes the mountains of vegetables
      in SoHo cafes,
      staring with hungry eyes in the evenings
      into shining advertisements;

Man patiktų
         bet aš grįžtu į savo šalį, kurioje,
    nusviesdamas melą ir užsitęsusius savęs
    ieškojimus, pro langą pirmą kartą
    matydamas sniegą, manęs laukia lietuvis sūnus.

I would like
  not to appear at work for weeks and months,
  not to cry over low pay
  and holes in the walls of hostels;

I would like
  to change jobs as easily as losing gloves,
  not to stop lying for plant directors,
  military men, and prosecutors;

I would like—
  but return to my poor country
  where, tossing away all lies
  and the long search for myself,
  seeing the white snow for the first time,
  waiting for me
  is my Lithuanian son.

Žindyvė

Žindyvė dirbau svetimam krašte
Prie gražaus kaip persikas—juodaakio vaiko—
Nė žodžio nemokėdama ištarti tos šalies kalba
Su mažyliu kalbėdama sava gimtąja
                                        bet jis
Dar nekalbėjo

Keisti tėvai stebėjausi matydama juos valandą
                                        per dieną
Kai jie mėgino kūdikį pašnekinti
                                paglostyt pamyluoti
Jo pirmutiniai žodžiai bus ne tie
                        kurių taip nekantraudami jie laukia

Plačiam pasaulyje su bankų operacijom
                                ir muitinėm
Mana kalba ištirps kaip sniegas nuo drabužių
Neatstatysi jos kaip skydo
Ja uždaram koledže draugui laiško nerašysi

Tuomet kodėl
Žindyve pasirinko jie mane
Galbūt jie sugeba įvertinti kitų kalbos gimtosios grožį
O mūsų ausiai prie kalbos įpratusiai
                                jau nieko
Nesako savaiminis svaigumas
Graži ir tiek
Graži todėl kad ji gimtoji
O visa kita tėra provincialumas
                        kad ir Provanse

The Wet Nurse

I have nursed the black-eyed baby of a foreign country
Beautiful as a peach,
Knowing not a word of that country's language,
Talking to the baby in my native tongue
Even before he was able to speak.

His parents, strangers dropping in
To spend an hour with baby,
Touch and hug him.
But when they try to talk to him,
His first words seem not to be
Those they impatiently await.

In the wide world of law and money
My language melts as snow from clothes,
Will not protect as well as armor can.
Away from school you will not even use it
        to write your friend.

Then why
Choose me as baby's nurse?
Maybe they value in another language
Something we, used to that speech, no longer hear
        —its natural beauty.

Beautiful, that's all,
Beautiful because native—
As in Provençal
        the beauty of Provence.

Žmogaus apsaugos rezoliucija 2000-iesiems metams

1. Negalima
      eiti į mišką
Nes būsi palaikytas naujai atsivėrusiomis mangano kasyklomis
Arba lėktuvu be skiriamųjų ženklų
Voverių nuvarytu į slaptosios priešo gamyklos teritoriją
Per skutamąjį skridimą
Plaukų ar spyglių kritimo metu
Riešutu išmušusiu akį vienam iš monitoringo dalyvių
2. Negalima
      gerti vandens
Nes išgersi savo sūnus ir dukteris
Nes išgirsi savo brolius maurus ir seniai
                        belankytas seseris maliarijas
Auginančius pigius dirbtinius perlus požeminėse
                              Lanfierų kolonijose
3. Negalima
      bristi į jūrą
Nes tapsi milijardu dolerių ir keliais milijonais kronų
Virtusiais super galingais pastoliais
Kranacho vaizduotės šelfe
Ir kelios valstybės apdraskys viena kitą
Dėl tavo veido tapusio nafta
4. Negalima
      įkvėpti oro gurkšnio
Nes nuo iškvėpto monoksido
Suges konservuoti paminklų žirneliai
Vėjas įsiverš pro sarkofagų plyšius
Prisikels mirusieji
                  ir pakvietę į Paskutinįjį teismą
                  įsakys tave pašaukti atgal
į inkvizicijos
geruosius senuosius laikus

Resolution on Human Protection for 2050 Years

1. It is prohibited
     to go to the forest
Because you will be mistaken for newly opened
                       mines of manganese
Or for the unmarked airplane
Piloted by squirrels over the airspace of the top secret
                       factory of the enemy
During the low-altitude flight
When fur falls or needles
By a nut you poke out the eye of one participant in
                       monitoring

2. It is prohibited
     to drink water
Because you will outdrink your sons and daughters
Because you will hear your brothers' moors and long-ago-
                       visited sisters' malarias
That grow cheap artificial pearls in underground
                       Lanfier colonies

3. It is prohibited
     to wade to the sea
Because you will become a billion dollars and several million
                       crowns
That become extra strong scaffolding
On the shelf of Cranach's imagination
And some states will scratch at one another
Because of your face that has turned to oil

4. It is prohibited
     to inhale a breath of air

5. Negalima
        nešauti į žmogų
Nesulyginti jo su besiblaškančiu sunkiai
                        sužeistu žvėrimi
Sprunkančiu nuo persekiotojo—džino
            išleisto iš maurais apžėlusio
            tūkstantmečio butelio
Nes humaniškiau pribaigti
Iš paprasčiausio medžioklinio dvivamzdžio.

Because the exhaled carbon monoxide
Will spoil the canned beans of monuments
The wind will infiltrate through the gaps in sarcophagi
The dead will return to life
                    and having summoned you to the Last Judgment
                    will order your return
To the good old time
Of the Inquisition

5. It is prohibited
            not to shoot at a human being
Not to compare him to the frenzied badly
                                hurt beast
Fleeing his persecutor—genie
                    freed from the duckweed-covered
                    thousand-year-old bottle
Because it is more human to kill
With the meanest double-barrelled shotgun.

Radinys

gintarinis kolonikas:

regis, kilmingas—puoštas sidabru, taip blausiai mėnesienoj
švytinčiu, tik kažkodėl jis vienišas,
be sau lygios poros—
                lyg Kavafis Salonikuose,—
taip netikėtai, siekdama kito po stalu nusiridenusio daikčiuko,
simbolizuojančio pastovumą,
                radau koloniką tarp pastalės
trupinių ir dulkių:

nustebus klausiu tikrojo Gintaro, ar ne jo
šitas gintarinis kolonikas, įkūręs graikų koloniją
po mūsų stalu,—
                kolonikas,
toks priešiškas mano vyro sportiškumui
bei visai vesterniškai rengimosi manierai,
                bet dar lūpų nepravėrus,
                žinau,
kad ne jo!

jaučiuos sutrikus, lyg prisukama lėlė, nes namų kolonizavimą—
koloniko atsiradimą—turėjo lydėti naktis, pro langą suleidus
                neregėtus augalus ir žvėris,
kažkas fantastiška
turėjo vykti, kai nuo abipusės traukos
išsimagnetina rodyklės laikrodžių, kai po kambarį
                skraido rūbai
lyg kosminiai laivai!

A Find

an amber cuff-link:

regal, it seems—ornamented with silver, shining dimly
in moonlight, but somehow lonely,
missing its mate—
                like Cavafy in Salonica,—
quite unexpectedly, reaching for something else that had rolled
    under the table,
symbol of stability,
                I find the cuff-link
among crumbs and dust;

surprised, I ask the real Gintaras* if it isn't his,
this amber cuff-link that has founded a Greek colony
under our table,—
                a cuff-link
so opposite my husband's casual
and completely western style of dress
                that even before I open my mouth
                I know
it is not his!

I feel disturbed, like a wind-up doll, because the colonization
    of our home—
the discovery of the cuff-link—must have been done by night with strange
                        never-before-seen
              plants and beasts let in through the window,
something fantastic
must have occurred, when by mutual attraction
the hands of watches lose their magnetism, when in the room
              clothes fly around
like cosmic ships.

* 'Gintaras,' the speaker's husband's name, is also in Lithuanian the word for amber.

Merė Popins

Su gražiausiu išeiginiu kostiumėliu,
            nes džentelmenas
pagerbia teatrą beveik kaip bažnyčią sekmadieniais: jokių
            kramtomųjų gumų, saldainių, robotų
            ar kitų žaislų, kuriuos pasiimtum kartu
            į spektaklį:

išplėstos akys ir tylus šnabždesys
            tamsoje,—kažko paklausi:

kaip užburiančiai, kaip nuostabiai
            šiandien vadina: Rūta, Doloresa,
            Jūratė, Inesa, Valentinas, Robertas,
            Antanas ir tie, kurių net neatpažįstu
            po grimu ir kaukėm—

įsimink juos lyg savo paties draugus,
            kurių netekęs, jaustumeis beveik nelaimingas
be šio stebuklo; kai rampai užgesus
            atsipeikėjom lyg iš ano sinchroninio
            mūsų gyvenimo—Londone—,

tiktai paskui atsimenam, jog Anglijoj
            buvo kalbama lietuviškai—
tepasineria artistai į aplodismentų jūrą,
            kad persikeltų per siaurą
            realybės sąsiaurį,
kad lengvai perplauktų visus jų tykančius rifus
už teatro durų—

ploti ir ploti!

Mary Poppins

In your best holiday suit,
                because gentlemen
honor theater just like Sunday church: no
                chewing gum, candy, robots
                or any other toys you might take
                to the performance:

with wide eyes and a low whisper
                in the darkness, you ask a question:

how so magically, so wonderfully
                they perform today: Rūta, Doloresa,
                Jūrate, Inesa, Valentinas, Robertas,
                Antanas, and the others I don't recognize
                behind their make-up and masks—

memorize them as your own friends,
                on losing whom you would be upset
without this miracle; when the stage grew dark
                we awakened into
                a synchronic life—in London—,

only remembering afterward that in England
                they were speaking Lithuanian—
let the actors plunge into the sea of applause,
                maneuver through the narrow
                channel of reality,
swim easily around all the rocks behind
the theater door—

to applause and applause!

Atsisveikinimo Bliuzas

Marinai Granovskajai

Gimiau tik muzikai, tik muzikai paskyrei tu mane, Euterpe,
Gyvenimui manajam slystant pro klausytojų ausis:
Esu tik balsas, tik balastas, bėgančių iš laivo žiurkių tarpe,
Ar katastrofos vietoj atsiras tasai, kuris klausys?

Gerbėjų minios, rožių puokštės celofanuos—kaip lavonui,
Šlovė lyg skambesys kapeikų, kad galėčiau nusipirkti "Marlboro",
Bijau, kad balsas gali išsipurvinti, todėl grimztu į vonią,
Kad tapčiau vėl skaisti, bet neiškentus taip pati save baru:

    Tiktai ne čia gyventi reikia tau, Marina,
    Kur žvanga auksas,rankom žarstomas kitų, tavu balsu,
    Kur pats gyvenimas, vos prisilietęs, numarina—
    Lyg švirkštas vienkartinis,siūlomas kitam, ir man baisu.

    Tiktai ne čia dar reikia išgyvent, Marina,
    Sovietique femme kančios kelius, kur nors už debesų,
    Kur impresarijus lyg angelas rankas vis trina
    Šioj kosminėj sistemoj uždaroj, kurią paliksiu jums bisu!

Esu tik balsas,tiktai balsas nepasikartojantis, kuris—
Vienintelis ir man brangiausias kaip likimas.
Aš būsiu nekalta, jei jis įtrauks jus tartum sūkurys:
Aš viską grąžinau, nors ir perdaug užkimus.

Kai nieko nebeliks: nei pinigų, anei šlovės, anei draugų,
Vienatvėj savo klampioje man atsibudus lyg inkliuzui,
Tuomet įjunkit radiją, nes jeigu atsikelti rasiu dar jėgų—
Gyvent pradėsiu jūsų ausyse lyg negirdėtas bliuzas.

Farewell Blues

Marina Granovskaya

I was born for music, for music chosen by Euterpe,
My life lilting in listeners' ears. I am only a voice,
Only the ballast among rats abandoning ship.
Who will listen if someone takes catastrophe's place?

Crowds of admirers, roses wrapped in cellophane—or a corpse,
Glory like the clink of the coins that buy me more Marlboros.
I soak in the bath (since I fear I will dirty my voice)
To purify myself, but it is still myself I accuse:

> *Marina, you should not be living here*
> *Where other hands jingle the gold in your voice,*
> *Where the life we barely touch murders us*
> *Like a shared needle, where I have such fear.*

> *Marina, you ought not know the sorrow here*
> *Of sovietique femme, but there beyond the clouds*
> *Where the impresario angel rubs his hands*
> *In this closed cosmos, I'll leave you an encore!*

I am only a voice, a voice inimitable,
As singular as destiny and no less precious.
I will be innocent if it draws you into a whirlpool:
Already I have given back everything, and been left hoarse.

When nothing is left, no money, no glory, no friends,
When I wake trapped in solitude like a fly in amber,
Then switch on the radio, and if I still have strength to rise
I will live in your ears like blues you've never heard before.

Medėja

Ji šmurkštelėjo į tebesnūduriuojančią,
dar menkai teapstatytą (ką reiškia dešimt
                    milijonų gyventojų
visai rytinei pakrantei) Baltų gatvę.
    Lyg prie pagoniško dievo stabo
ji prisiartino prie šiukšlių konteinerio,
kad kažkodėl—atsargiai—
lyg porcelianą padėtų savo apmuturiuotą naštą
ant dvokiančio maisto atliekomis
altoriaus.
    Naujagimis dar alsavo,
muistydamasis kartoninės batų dėžės karste,
nepajėgdamas išrėkti tualetinio popieriaus
prikimšta gerkle,
    kad jai atleido.

Medea

       She slipped stealthily along the still-sleeping,
shabbily built-up (what does it mean
                      only ten million
inhabitants for the whole eastern coast)
Avenue of the Balts.
       She approached the dumpster
as she would an idol to the pagan god,
and with intent—carefully—
as if it were porcelain she placed her wrapped burden
on the food-scrap-putrid
altar.
       Still breathing, the newborn
stirred in its shoebox coffin,
without strength enough to cry, through a throat
stuffed with toilet paper,
       that he forgives her.

Misterija

Miegančio strazdo švelnumas

yra

kasdieninis

vaiko rengimas jo drapanėlėm:

deja, dažniausiai tada mes skubam, sudarydami
nelygiaverčius mainus su

narkomanėm

laiko rodyklėm

akim sustiklėjusiom,

pamiršdami,
jog negalima bet kaip atlikti
rengimosi apeigų (aštriom žirklėm apkarpant
jų maxi, beatodairiškai didinant apsisukimų
skaičių,
taip palaipsniui vieną pačių didžiausių
žmogaus gyvenimo misterijų
sutapatinant su serijiniais gamybiniais
judesiais):

O! Vaiko rengimosi ritualas

yra

karališko

rengimosi ceremonialo atavizmas
(kokie lėti, hipnotiški, orūs bei iškilmingi
atrodo kamerdinerio, laikančio marškinius,

kad aprengtų

karalių,

judesiai). Lyg indas eterinių kvapiųjų aliejų
jie sklidini pagarbos rengiamajam, kuris valdo,
sėdėdamas soste - lovelės laively,

Mystery Play

The sleeping thrush's tenderness
                              is
                     the ordinary
                 dressing of a child in his clothes;
though most often we hurry, making
unequal trades with
                                   addicts'
                         anxious hands
                  and glassy eyes,
forgetting
that the rituals
cannot be performed (with sharp scissors cutting
the thread, carelessly increasing the number
of revolutions,
so that little by little the greatest
mystery play of human life
mimics repetitive industrial
motions):

Oh! The ritual of dressing a child
                              is
                     an atavism
                 of royal dressing ceremonies

(how slow, hypnotic, dignified and solemn
seem the movements of the valet, holding
                         shirts
                              to dress
the king). Like a bowl of aromatic essential oil
it exudes esteem for the one being dressed, who governs
seated on the throne—on the raft of the bed,

kuris kiša rankas į paruoštas marškinių rankoves,
kojas—į "Cotton'o" vaikiškas pėdkelnes,
kad atsargiai, bet žaibiškai
su tavo—tartum locmano, vedančio povandeninį
laivą į uostą,—žinia
perplauktų per siaurą megztinio iškirptės
sąsiaurį.

Švelnumas dažniausiai be atsako:

                              jis
                      nepripažįsta
                sentimentalizmo epochos

ir tuojau tuo pasinaudos - net mažiausias
numano savo įgimtą valdžią, o kipšiukiškas
su liepsnelėm akyse išradingumas,
siekiant niekais paversti tavo jau pripažintą
                              ceremoniją,
                              yra begalinis—
saugokis! Štai jo pirštai lyg opšrūs
jau apsigyveno tavo ausų olose, štai
jis prunkščia ir muistosi, ir nenustygsta
vietoje
lyg žirgas hipodrome, bet tuoj ir tave
jis pavers žirgu klastingai,
kai pasilenksi jo apaut—jau jis joja
tau ant sprando—aure!

Miegančio strazdo švelnumas

thrusting his hands through sleeves prepared for them,
feet—into Wigwam children's socks,
cautiously but with speed
to match yours—like the navigator guiding a submarine
into port—helps
pass through the strait of the sweater's
tight weave.

The tenderness earns no response:

                                he
                    has no affinity with
                the epoch of sentimentalism

and just takes advantage—even the youngest
intuits his innate power, and like a demon
his glinting-eyed inventiveness,
intent on disturbing the progress of your
                            ceremony,
                    is endless—
beware! Now his fingers burrow
like badgers into your ears, now
he sniffs and stirs, no more able to stay
still
than a racehorse in the gate, but in a second he will
make you his horse
when you bow to tie his shoes—suddenly he is riding
on your neck—look!

The sleeping thrush's tenderness

Balandėliai

Nesakau,
kad tai ir yra mūsų nacionalinis patiekalas, tiesiog
mes labai įpratę prie jo, kaip ir visa Rytų Europa,
                    nežinau,
ant kokios tautos genealoginio medžio jie pirmiausiai
atsitūpė, meiliai suglaudę snapelius, prieš atsidurdami
                    šiame
                              kunkuliuojančiame katile:

I. giljotinuota kopūsto galva,
II. valstybės malimo mechanizmo sumalta mėsa įdarui,
III. ryžiai, įdarui teikiantys rytietiško pikantiškumo,
                    nors galima ir be jų,
IV. druska, pipirai.

                                                  N.B.
Viskas gali ir pervirti, todėl pavyzdžiui, mano Mama surišdavo
juos siūleliais—lyg filigranišką meno kūrinį—,
rišdama taip, kad susiformuotų kryžiaus ženklas,
idant valgantysis neišsigąstų,

(bet ką aš čia paistau, mano pusbroli, mano tikrasis
pusbroli, jau gimęs šalyje,
                    kuriai linkiu tik tokių gurmaniškų
                    ekscesų—

                    skanaus!

Stuffed Cabbage Rolls, My Doves

I'm not saying
that this is our national dish,
but just that we're used to it, like all of Eastern Europe.

I don't know
on which nation's genealogical tree they alighted,
sweetly pursing their beaks, before landing
in this bubbling cauldron:

I. guillotined head of cabbage
II. meat ground fine by the machinery of State
III. rice that gives an oriental tang to the filling, though it's okay
      without it
IV. salt, pepper

Note: To avoid overcooking them, Mom would bind them with
slender threads, forming an artistic sign of the cross with
her filigree, so as not to frighten the eater.

But I'm talking nonsense, my cousin, my real
cousin, already born in the State
                for which I wish only such
                        gastronomical excess—

                        Bon appétit!

Našlė

Blondinė su vešlia plaukų aureole
(ji pamini "Victoria Blond" ir dar
kažkokius kitus šviesinančius preparatus, kuriuos
dar įmanoma nusipirkti,
                tik plaukai
nuo tokių cheminių dažų,
                     skundžiasi ji,
vien slenka ir lūžinėja);
                          bet vistiek jos auksinės garbanos
                          nepaprastai gražios (tokio tipo ryškus
                          išorinis grožis
                          gaudyte gaudomas
                                      celofanuotiems
                                užsieninių žurnalų
                                        viršeliams):
                          neseniai varčiau juos saulėtą sausį
                          svetingoje galų žemėje
                          boul, de la Madeleine,
                          netoli Opera.
Juk natūralūs
mano plaukai jau visai pražilę, netikėtai ji taria,
                      (ryškioj šviesoj
staiga pamatau alchemiką, kuris,
į žaizdrą sudėjęs visus
                        sunkiuosius metalus,
išvedė gyvenimo formulę—
juos pavertė užgrūdintu auksu.
                          Kaip nepaprastai
                          prie auksinių plaukų dera jai
                                juoda,
                              liekną figūrą apglundanti,

Widow

A blond with a lush aureole of hair,
she mentions "Victoria Blond" and other
bleaching preparations
you can still buy,
                         only she complains
that these chemical dyes
                  make her hair
keep splitting and falling out;
                         but still her golden curls
                         are uncommonly beautiful: the distinctive
                         surface beauty of this type
                         is sought after
                                   for the cellophaned
                         covers of foreign
                                   magazines,
                  some of which I recently scanned in sunny January
                  in this hospitable Gallic land
                  on the Blvd. de la Madeleine,
                  not far from the Grand Opera.
You know, my natural hair
has turned gray already, she declares unexpectedly.
                              (In the bright light
suddenly I see an alchemist who,
having put into the flames
                  all the heavy metals,
creates the formula of life—
transforming them to tempered gold.)
                  How remarkably well
                  her golden hair complements her black dress,
                  outlining her slim figure,
                  as if to meet the demands a dictator of fashion

lyg reiklaus madų
diktatoriaus
šiam sezonui sumodeliuota suknelė:
nieko nenumanantiems atrodo,
jog ji tyčia vilki šį rūbą,
kad išryškintų savuosius
gražumus.
Beje,
jų jau nebeįmanoma paslėpti
jokiame seife:
paaštrėję veido bruožai
švyti ir mainosi lyg briaunos
brangakmenio,
susiformavusio kaitraus degimo
metu.
Staiga ji užsimano pavaišinti mane savo gamybos vynu
ir aš pajuntu auksaspalviame skystyje
uždraustą ir svaigų
rojaus obuoliukų
skonį.
Žiūrėdama į ją šiandien,—
šią pilną draudimų ir susilaikymų
Pelenų Dieną,—
staiga pasijuntu atskalūne:
man atrodo, jog pats Viešpats
pavydėjo
šios moters vyrui
ir todėl taip tragiškai jį atėmė
per anksti.

imposes on models this season:
one who did not know better would think
she wore these clothes on purpose
to bring out
                    her beauty.
In any case,
it could not be hidden even in a safe:
the sharp features of her face
shine and change like the facets of a jewel
formed in a process of pressure and flame.
She surprises me by offering
                    her homemade wine
                    and in the golden liquor I taste
                    the forbidden and intoxicating
                    flavor of apples from Paradise.
                    Looking at her today,
full of prohibitions and renunciations
                    this Ash Wednesday,
suddenly I feel like a schismatic:
It seems to me that God himself
envied
                    this woman's man
and therefore took him, tragically
                    and too soon.

Abortas

aaaaaaaa
aš nekviečiau jūsų: Mama
išsikvietė ne jus o mane minčių erdvėlaiviu: ekrane
nuolat mirksėdavo labiausiai mus abu linksminęs zigzaginis
žaidimas
kuriame aš tokio pat didumo kaip būsimoji mano
gimdytoja o ji kaip
dabartinis aš t.y. kaip perlas užvertas perlamutrinėj
kriauklės geldelėj
aš nekviečiau jūsų: tobu-
lumas yra sandari pilnavidurė forma su bambagyslės
greitaeigiu
liftu į paskutinįjį Visatos aukštą ...

aš nekviečiau jūsų: kol kas
aš jūsų nemyliu nei vieno iš jūsų ir net galiu nepamilti
kursda-
mas nuo submarinos povandeninėje savo karalijoje
mėgindamas sprukti į jūros
arkliuko urvą rausdamasis kaip plekšnė kaip ešerys
pašiaušdamas visus šerius
gali būti kad man teks gimti kardžuve gali būti kad ir savo
motinai
perrėšiu pilvą tik tam
kad visi nekviestieji vietoj manęs
atsidurtų už borto

Abortion

aaaaaaa
I didn't invite you: Mama
has invited me not you into the spaceship of her thoughts: on the screen
the whole time to amuse us both has been the zigzag
game
in which I am the same size as my future mother and she is
me now that's it
like a pearl enclosed within mother-of-pearl
shell within shell
I didn't invite you: perfec-
tion is a hermeneutical double form with the umbilical cord
the fast
elevator to the highest floor of the Universe . . .

I didn't invite you: right now
I don't love anyone of you or love even
growing-
deaf from the submarine in my underwater kingdom
trying to escape into the cave
of a seahorse nuzzling like a flounder like catfish
extending my whiskers
I may cut into even the belly of my
mother
so that instead of me
all those who have not been invited
will be thrown overboard

Hermeneutika

Skaudžiai citrininės spalvos POETRY
su V. Kandinskio medžio raižiniu ir litografija,
kuriuos sutikom Čikagos meno institute
                    —akis į akį—

dabar jie pavadinti "mažaisiais pasauliais"
                    viršelio iliustracijoje,

pasauliais, atkeliavusiais pas mane šiandien.
Sudaužytas butelis, skubant prie batų dėžės. Kraujas
iš piršto. Dviratis, kaip dvi erdvės akys
                    koridoriuj.
Dvi nutrauktos raudonų katinų galvos.
(Miega mano berniukas: beprotybė, skubant į aną pasaulį,
turi būti tyli, kad jo nepažadintų. Atsibudusį reikės išvesti
pasivaikščioti.)

Išvesti. Toksai pat nesuprantamas viršelis,
ASEKOFF   COLLINS   HOLLANDER   O'CONNOR
   BLASING   CORN   WADE
HOWARD   ROSSER   SMITH   OLES
Kurio neatsivertus, negaliu išvesti mūsų iš Erodo
sumanymo,
Nutrauktos dvi raudonos galvos: buvę katinai.

Pavasaris. Hermeneutika. Ir priklausai tik sau.
Tik nekalti pavasario kačiukai, sumerkti į vazą.

Hermeneutics

Painfully lemon-colored POETRY
with a woodcut of a tree and a lithograph by W. Kandinsky
that I saw in the Art Institute of Chicago
                    —face to face—

now they are called "small worlds"
                        as its cover illustrations,

worlds that reached me today.
Broken bottle, while rushing to find my shoes. Blood
from my finger. My bicycle, like two eyes blinking from a box
                        in the hallway.
Two severed heads of red cats.
(My boy is sleeping: hurry to the world of madness must be quiet so
as not to awaken him. I'll need to escape with him for a walk.)

To escape. The same inconceivable cover.
ASEKOFF   COLLINS   HOLLANDER   O'CONNOR
    BLASING   CORN   WADE
HOWARD   ROSSER   SMITH   OLES
Until it is opened we can't escape Herod's
decree.
Two severed heads: they were cats.

Spring. Hermeneutics. And you belong only to yourself.
But innocent spring catkins, plunged into a vase.

Tironas

Mūsų hasiendoje apsigyveno Tironas (apsiribosiu tik jo santykiais su manimi, ne su tėveliu Džiakomu, teta Rozamunda, kate Graciela bei šunim Fugacio).

Aš siaubingai įsimylėjus Tironą, atrodo, kad ir jis man nėra abejingas, nes nuolatos tai išreiškia meistriškai avantiūristiškomis frazėmis, mane uodžia, glaustosi, bei plačiai į viršų—kaip angelėliai šventuose paveiksliukuose—praveria, žiūrėdamas į mane, akis.

Beje, įtariu, kad mane jis myli mažiau, negu myliu jį aš, bet Tirono meilė—ne kopūstai, kuriuos reikėtų sverti ant turgavietės svarstyklių.

Jis šiek tiek mažesnis už Napoleoną, savo ūgiu labiau primena gnomą ar Skardinį Būgnelį, bet jis ambicingai siekia sukurti giljotiną, čaižančią galvas lyg kruvinus burokus į budelio pintinę.Kadangi mažaūgis kamuojamas nepilnavertiškumo, jis stengiasi atsigriebti viliodamas moteris: beje, šioje delikačioje srityje savo estetinį skonį jis kažkodėl, lyg dailininkas spalvas derina su manimi, apie kiekvieną pamatytą moterį manęs paklaus-damas:

—Ar tau ji graži?

Dažniausiai jis nutaria, remdamasis mano nuomone, bet juk aš pirmiau noriu išklausyti jo nuomonės ir nesakau savosios. Turbūt todėl tik man vienai į ausį jis pakuždėjo vienos, jam labiausiai patinkančios merginos, vardą: jis taip savotiškai švepluodamas, bet su pasimėgavimu tarė gražios trisdešimtmetės vardą, kad aš ne iš karto supratau, apie ką jis kalba.

Bet tada labai nustebau:

nes mūsų nuomonės visiškai sutapo.

Bet kaip būtų lengva, jeigu tik manęs jis nepainiotų į savo reikalus. Kiekvieną akimirką! Kad man tektų tik ruošti jį

Tyrant

A Tyrant has moved in to our hacienda. (I will limit myself only to his relations with me, not with Papa Džiakomu, Aunt Rozamunda, the cat Graciela and the dog Fugacio.)

I have fallen terribly in love with the Tyrant, and apparently he is not indifferent to me, since he makes masterful, dangerous declarations, he sniffs me, he presses against me and opens wide his eyes—like putti in sacred paintings—looking up at me.

To be honest, I suspect he loves me less than I love him, but a Tyrant's love is no cabbage to be weighed on scales in the market.

He stands a little shorter than Napoleon. His height reminds me very much of a gnome or *The Tin Drum,* but he ambitiously tries to guillotine, to sever heads like so many bloody beets heaped in a hangman's basket. Short people suffer inferiority complexes, and he tries to compensate by seducing women: in this delicate area, by the way, he measures his taste by mine, like a painter matching colors, asking my opinion about every woman we meet:

—Do you find her beautiful?

Usually he goes by my opinion, but always first I seek his own response and withhold my own. Probably that is why he whispered only into my ear the name of the one beautiful girl he likes most: he slurred it awkwardly, the name of a thirty-year-old woman, pronouncing it so passionately that at first I did not understand who he meant.

But then I was surprised, because our opinions were exactly the same. But how much simpler it would be if he would not involve me in his affairs. Every moment! If all I had to do was prepare him for some other woman, as unconquerable as La Rochelle.

I am no longer an unconquerable bastion for him. I cannot see into myself. He bangs on the glass or howls like a dog at the bathroom door. Together we brush our teeth in the evening. He wears my high heels:

kokiai kitai moteriai, neįveikiamai kaip La Rošelė.

Nes aš jam nesu jau neįveikiamas bastionas. Aš
negaliu užsirakinti. Jis daužo durų vitražą arba kaukia,
kaip šuo prie vonios durų. Jis kartu su manim vakarais
valo dantis. Jis nešioja mano aukštakulnius batelius:
kvepalų rūšis ir dezodorantus, įvairiaspalvius nagų
lakus bei kitokius preparatus jis seniausiai yra išbandęs
kaip tikras prekių žinovas. Arba indėnas.

Jis įsirita į buduarą ar vonią intymiausiais
momentais ir įžūliausiai reikalauja mano bikinio:
—Juodo! Balto! Kūno spalvos! Su mezginėliais ir
be jų! Raudono! Permatomo!
Jis visvien juos suranda paslėptus. Jis vagia mano kelnaites
ir liemenukus, tempdamas juos, kaip žiurkė į savo urvą
Elbės ištremty. Nes, kartais ten pasislėpęs, jis juos
matuojasi ir nežinau, ką jaučia.Ir suprantu, kad tai—jo
Vienatvės pradžia: tai ir yra jo didžioji Paslaptis, kuri nuo
šiol mus atskyrė. Bet aš galvoju, jog jis žino, kad aš tai
numanau. Bet manimi pasitiki.

Aš išdaviau jo paslaptį todėl, kad jis į kalėjimą
atsisėstų anksčiau, nei aš iš jo išeisiu, gyvendama pagal
griežtą Tirono
režimą. Pagal reikalavimus, kad rengčiaus taip, kaip jis
nori, kad šokčiau tik su juo, valgyčiau su juo iš vienos
lėkštės. Gerčiau tą patį kokteilį. Kad abu nukauštume. Kad
būčiau graži, linksma ir visuomet jam patikčiau.

Jis ketina iš manęs padaryti Galatėją, nuolat
leisdamas man pačiai suprasti, kokia aš dar netašyta ir
kad negreitai atgysiu.

Jis ketina iš manęs padaryti Mis Visatą, kuri
priklausytų ne susirinkusiai prašmatniame restorane
auditorijai, ne NBC, ABC ar kitoms telekompanijoms,
finansavusioms grand šou, ne žiūrovams, stebintiems reginį
per satelitinę televiziją,—
Kad priklausyčiau tik jam vienam.Tironui.Per amžius.

Already he has tried out all my perfumes and deodorants, all the colors of nail polish and other make-up, like an expert merchandiser. Or Indian.

He bursts in to boudoir and bathroom at the most intimate moments and insolently demands my bikinis:

—Black! White! Flesh-colored! With lace trim or without! Red! Sheer! He finds them even when they are hidden. He steals my pants and bras, hoarding them, like a rat in its hole, in his exile on Elba. Sometimes when he has hidden himself there, he tries them on, and I don't know what he feels. But I do understand that this is the origin of his Solitude: this is his enormous Secret, the one that separates us. I think he knows that I have guessed it. And he relies on me.

I betray his secret so that he will be put in his prison before I leave mine, to live according to the strict regime of the Tyrant. According to his demands that I dress as he desires, that I dance only with him, that I eat with him from the same plate, drink from the same glass. That both of us get drunk. That I stay beautiful and cheerful so he will always like me.

He intends to make me Galatea, permitting me to understand how wooden I am and that I will not soon recover.

He intends to make me Miss Universe, not so I would belong to the crowd gathered in some fashionable restaurant, not to NBC, ABC, or whatever network financed the grand show, not to the audience watching by satellite—

but to him alone. To the Tyrant. Forever.

Juodoji Viešnia

Juodais aksomo rūbais iš nakties
Staiga išnirs Jinai—ir veidą dengs žvaigždžių vualis;
Nors, kaip sutikt ją, neturėsi patirties,
Bet Ji užtemdys viską ir atrodys, kad tu—visagalis!

Jos juodos akys plėšriai sužėrės
Tiktai akimirką—paskui į prarają tu krisi,
Neatsiminęs netgi vardo to žvėries,
Kuris pasivaideno tau staiga tarp kiparisų.

Mėginsi dar suprast, iš kur tie kvepalai
Pažįstami, kodėl jie tavo kūną taip suardo
Jau po mirties, bet nieko tobulai
Tu nesuprasi, ir gerai, kad nesuprasi, barde!

Paskui tik šaltis—krematoriumo ugnies,
Kuri gailestingesnė bus, negu tave bučiavę lūpos,
Nes jos tik šaiposi, kad tu taip kankinies,
Kad nerandi savęs karste, kad ankštos tau žvaigždėtos lubos.

Black Woman Guest

Dressed in black velvet clothes of night,
Suddenly She will emerge, her face veiled by stars;
And though you won't know how to greet her right,
She'll obliterate all, but make you seem in charge.

Her black eyes will sparkle rapaciously,
But one moment later you'll fall in an abyss
Not even remembering the name of the beast
That appeared to you among cypresses.

How can it be that even after death
Familiar perfumes drift from who knows where,
Ravaging your slowly dissembling flesh?
You might be better off, Bard, unaware!

Afterward, only cold—the crematorium's fire,
More compassionate than the lips you once kissed
Mocking you for wishing the starry ceiling higher
Now that you find yourself coffinless.

Kabaretas

Aš pamiršau, jog kabaretuose negali būti pauzių,
Kad po pašėlusio kankano avanscenoje rijikai pasiruošę jau
    išbėgt ugnies,
Todėl visai ne tą mygtuką spausti aš ruošiaus, kurį paspausiu,
Nors bus sunku, kad mano numerio konferansje svečiams
    nebepranešinės.

Tenai turėjo būti bliuzas—O, kaip mylėjau aš Monmartro stogus
Naujųjų Metų naktį, kai, sniegą blokšdami į veidą, linksmai praeiviai
    linki "bon anne",
Ir būčiau dar geriau dainavus, nuo publikos neatitokus,
Bet tartum šaltas ginklas rankoje savižudžio gaidukas pauzės išjungė
    jau mane.

Matyt, aš pamiršau, jog kabaretuose negali būti pauzių
Artisto biografijoj, jei jis nenori būti pamirštas, bet gal
Tai buvo Jis, Nematomasis, mygtuką lietęs tą, kurį paspausiu,
Gyvenimo juostelei susisukus taip, kad nebeslinks pirmyn ir nieko
    nebegalima atvyniot atgal.

Cabaret

I forgot that in cabarets there should be no pauses,
That the fire-eaters enter right after the passionate cancan.
That's why, though I tried to avoid it, I will push the button,
Hard as it will be not to hear the barker announce my performance.

There have to be blues—Oh, I so loved the roofs of Montmartre
On New Year's Eve, snow blowing in our faces, passersby wishing
    bon anne,
And I would sing better, warmed by the audience, but like
    a cold weapon
In the hands of a suicide, the trigger of the pause takes me out.

It seems I forgot there should be no pauses in
The biography of an artist who doesn't want to be forgotten,
But maybe it was Him, the Unseen Master, who has touched
    the button,
Winding the tape so that it will not advance, and it cannot rewind.

Rusė Paryžiuje

Su treningu madingu Sibiro platybėse—Paryžiuje—karščiausią dieną
Ir sportiniais bateliais lyg lenktynių trasoje
Ji su pavydu žvilgčioja į moterį kiekvieną
Ir jau nebesupranta, už ką taip žiauriai pasielgta su ja.

Dabar, kuomet svajonių miestas jau pažįstamu jai tapo,
Jos veidas išsunktas lig paskutinio lašo, bet ramus
Lyg plastmasinis butelis nuo mineralinio vandens, kurį sutaupius,
Jinai maišely permatomam nešasi į laikinus namus.

Rytoj ir vėl iš naujo viskas—gražios šiukšlės, marmuriniai rūmai,
Raudoni kabrioletai pakeltais stogais ir išmesti
Į gatvę nematyti prietaisai, kuriuos pamatęs, netenki orumo,
Nes niekad netgi neregėjai to, ką išmeta lengvai kiti.

Suprantama, jinai sugrįš tenai, kur nereikėjo šių grožybių,
Nes jos šalis gražiausia buvo iš visų išties,
Ji būtinai sugrįš, nors ne todėl, kad iš toli gimtinė žiba—
Ji kitokios jau nebeturi išeities.

The Russian Woman in Paris

In a sweat suit fashionable on the Siberian plains—in Paris—on
    the hottest day
And with sneakers, as if on a race track,
She glances enviously at every passing woman
And does not understand why she is being treated so badly.

Now, when the city of her dreams has become familiar to her,
Her face drained to the last drop but calm
As the plastic bottle of mineral water that she has saved
And carries in a transparent bag to her temporary home.

Tomorrow everything begins anew—beautiful trash, marble palaces,
Red cabriolets with raised roofs and discarded
Unfamiliar devices that take your breath away thrown into the street,
Because you have not even seen what others have discarded.

Of course she'll return there where she does not need such beauty,
Because her land is the most beautiful of all,
She will return not because her homeland glitters from this distance
But because she has no other way out.

Rezignacija

Paryžius prarado savo magnetinę trauką lyg jaunas meilužis,
kurio nebepajėgiu išlaikyti, naudodamasi atgyvenusių ginklų arsenalu:
Tik įkvėpiu jo neblėstantį aromatą, pasilikusį ant prisiminimų pagalvės,
nes dabar jis laisvas nuo mano beprotiškos meilės iš pirmojo žvilgsnio
ir pavyduliavimo visoms laimingoms varžovėms,
kraunančioms sunkius geležimi apkaustytus raudonus
lagaminus, kad skriste skristų pas jį;

nebenoriu į Paryžių, sakau visiems mirštantiems dėl Paryžiaus,
Tik noriu surikiuot savo mintis ir jausmus taip, kad
jos išsiraizgytų taip pat frivoliškai kaip gatvės Paryžiaus plano voratinkly,
Kad kas nors kitas jose atpažintų Paryžių ir jį savyje;
Nes Paryžius yra ypatinga dvasinė būsena, net jeigu tikrovėj jo ir nėra:
įsivaizduok, jog krenti iš dangaus bet kur, o geriausia—Tėvynėj,
        ir aštrus Eifelio smaigas
            visam laikui
        perveria tavo širdį.

Resignation

Paris has lost its magnetism, like a young lover
who requires more fire than my old-fashioned arms can muster:
I merely inhale his scent that lingers perpetually on the pillow
    of my longings,
now that he is free from my insane first-sight love
and from my jealousy of all my lucky rivals
who are packing their iron-heavy red trunks
hoping for a hasty flight to him;

but unlike you who would die for it, I no longer want Paris.
I want only to make of my thoughts and feelings a mosaic
after the manner of the frivolously woven streets mapped in the
    web of Paris,
so that someone else can see Paris in them and in himself.
Whether or not it exists in reality, Paris is an exceptional spiritual state:
picture yourself falling from heaven anywhere, though ideally
    in your homeland,
                        and the Eiffel knife
                           forever
                   transfixing your heart.

Néščiasis

Kaip ypatingai moters akys žavisi jo kūnu, kuris, besiruošdamas šiai kilniai misijai, nepaprastai pagražėja: veidą išmuša violetinės alkoholinės dėmės—lyg lauke būtų pražydę tuščiažiedžiai bulvių žiedai; kraujagyslių kapiliarai išsiplečia, paruošdami organizmą būsimoms stangoms, tačiau chaotiškai išsiraizgo visomis kryptimis, neturėdami nė žalio supratimo, kuria kryptimi tas stangas nukreipti; krūtinė dilgčioja ir brinksta lyg kultūristo, pasišovusio pakelti neįmanomo svorio štangą: taip, pilvukas jau padidėjęs, ir būtent tai, be abejo, aiškiausiai rodo, jog jis nebe vienas, tad laikas nuo laiko jis pasiglosto jį meiliai ranka, tokiu būdu bendraudamas su tuo, kuris taip netikėtai, priešingai visai gamtos logikai apsigyveno jo įsčiose.

Dabar jo akys spindi nenusakoma šviesa—juk jis—Kūrėjas, didelėmis pastangomis igijęs teisę varžytis su ponu Dievu ir jo tvėrimo principais, bet tam, kad vaisius būtų pagaliau nuraškytas nuo Pažinimo Medžio, dar reikalingi skatinamieji—konjakas ar vynas, alus ar degtinė—ir būtinai negęstantis Olimpinis cigaretės fakelas, kurio šviesoje galima būtų stebėti, ar ne per greitai grąsindamas sutriuškinti nepritaikytą gimdymui per siaurą dubenį, skuodžia vienintelis, jau kadais trasoje numarinęs visus varžovus, maratono bėgikas—dar nežinia, ką apie jį pasakys pasitikusieji teisėjai—tačiau vyriškis atsainiai kresteli paskutinįjį potėpį, netikėtai išgaudamas originalų raudono dažo nuvarvėjimą, kurio natūralumu ypač žavėsis pasikaustę estetinėmis pasagomis meno kritikai, siedami jį su visos epochos krauju bei kančia ir—ak, lyg abstrakcionistinė, tokia mūsų amžiuje madinga Madona su kūdikiu—meno sferoje jau plačiai funkcionuoja paveikslas vyriškio, tiek daug išsitrėškusio dopingui, už kurio vartojimą jo taip ir nespėta diskvalifikuoti, tad jam pirmiausia rūpi kompensuoti prarastus finansus, o tai geriausia padaryti, šedevrą parduodant—bevaikiui milijonieriui, kaupiančiam privačią kolekciją, muziejui, bet kokiam piniguočiui, o jeigu tokio neatsirastų—tuomet—kūdikių namams, našlaičių prieglaudai, nes jo misija jau įvykdyta,—svarbiausia misija,—nes tokioje kančioj jis jau pagimdė autoportretą—panašų į save.

Pregnant Man

Women's eyes especially are fond of his body, which, preparing for this noble mission, grew remarkably beautiful: his face blushed with violet alcoholic stains—like a field bursting into bloom with the barren blossoms of potatoes; his capillaries widened, preparing his organism for the imminent pangs of childbirth, but chaotically spread in all directions without the slightest idea where to divert the pangs to; his breasts itch and swell like those of a bodybuilder preparing to lift an impossible weight; sure, his belly has grown, a sure sign that he is no longer alone, so from time to time he strokes it tenderly with one hand, in this way bonding with what so unexpectedly, so contrary to the laws of nature, has entered his womb.

Now his eyes shine with singular light—because he—a Creator earning by his efforts the right to challenge Mister God and the principles of creation, but to this end, to pluck the apple at last from the Tree of Knowledge, he needs stimulants—cognac or wine, beer or whiskey—and by all means the eternal flame of the Olympic torch of a cigarette, by the light of which it would be possible to train, it is not too late, to survive the crush against his narrow, not-adapted-to-childbirth pelvis, he is in the lead, long ago on the route eliminating the other competitors, a marathon runner—it is not yet known what the judges will say when they meet him—but the man carelessly flicks the last dab, unexpectedly getting a drop of the original red paint, natural color the art critics will love, shoed with aesthetic horseshoes, connected with the blood and torture of the whole epoch and—ah—abstract, like the fashionable Madonna and child of our age—in the art world portraits of him already circulate, so much bled for doping, for which he will not be disqualified, so first he plans to cover the losses, and the best way to do that is to sell the *chef-d'oeuvre*—to the childless millionaire who builds a private collection, to the museum, to any moneybags, and even if it doesn't look that way, by then—to the nursery, to the orphanage, because his mission is accomplished—his most important mission—since in such torment he has given birth to his self-portrait—which is like himself.

Teologinis

Kai žodis tapo kūnu, Ieva jau dalinosi iš begalybės, dalindamasi kalėjimo kamera su dvylika dvokiančių moteriškių ir su jų šimtas keturiasdešimt keturiais nuopuolio vaisiais, įkaitintais abortų žarstekliais sudraskytais į gabalus: suknežintos dar nesusiformavusios, vaikiškos kaukolės ieškojo pažįstamo šonkaulio, šlaunikaulio ar bent mažiausio kulkšnelio, o šiurpiai lyg prieš bombos sprogimą tvaksinčios širdys—bet kokio indo, kuriuo būtų galima apsivožti: vilko akis duryse buvo drovesnė už ant pilvo užšokusias žiurkes, todėl sprukdavo šalin lyg nepastebėjusi jų, kaip ir didžiulės balos kraujo—jis trenkė vyriško prakaito saldybe ir buvo skanus, baisiai skanus—toks, kad jos netgi susimušdavo tarpusavy, nes kiekviena grūdosi per kitų alkūnes, skubėdama prie jo prilėkti, kad iš balos galėtų palakt pirmoji: kai trumpam pasisotinusios, jos imdavo pasakoti savo nuotykius—rojuje, kuriuo jos vadino laisvę,— akimirką jos sutrikdavo, stengdamosi neišsiduoti, jog negali to padaryti—paprasčiausiai papasakoti, nes čia juk nebuvo žodžių— jie buvo virtę kūnais, pasibaisėtinais ir paliegusiais, yrančiais reaktyviniu greičiu ir mintančiais atmatomis—tomis liekanomis po pasidalijimo iš begalybės, tad dar pasiučiau jos imdavo svaidytis kirviu nukapotais vyriškais organais, turinčiais kompensuoti nebuvimą žodžių, kad visvien būtų suprastos ir su šalta panieka neatsakytų į klausimus teisėjų,—tikėdamos, kad vis dėlto egzistuoja stebuklas žodžio su junginiais, baltomis balsių nosinėmis, kuriomis nepastebimai galima nusišluostyti sudrėkusias akis sekundę atgailos ir praregėjimo ir—kad čiurlena stebuklingasis tarties vanduo— vos juo pašlaksčius—į gyvą kūdikį pavirstų viena kitos siekiančios jo sukapoto kūno dalys, ir—jau kvėpuoja tas sudurtinis sakinys, pagrindinį gyvenimą ten, laisvėj, sudūrus su šalutiniu taip, kad iš pakaruokliškos kablelio kilpos ištrauktas Adomas atgautų žadą tiktai todėl, kad pilnakrauju žodžiu jau tapo kūnas.

Theological

When the word became flesh, Eve had been dividing by infinity, sharing a prison ward with twelve stinking women and one hundred and forty-four fruits of their fall, aborted by glowing pokers: crushed even before forming, infant skulls were looking for a familiar rib, femur, or at least the smallest ankle-bone, and hearts beating with terror as before a bomb's explosion—seeking any dish to make it possible to turn over: the wolf's eye of the door was more modest than the rats scurrying on their bellies, and looked out in order not to see them or the big marsh of blood—it smelled of the sweetness of a man's perspiration and was tasty, horribly tasty—and they even began to fight with one another, because they were all jostling to reach it, to be the first to swill from the marsh: and satisfied briefly, they began to tell their adventures—in paradise, by which they meant freedom—for just a moment they were confused, trying not to reveal their impotence—to tell, here where there are no words—they were turned into bodies, horrible, invalid bodies, disintegrating at jet-propelled speed and feeding on garbage—left over after the separation from infinity, they began even more furiously to throw one another's male organs, chopped off by axes, organs which had to compensate for the absence of words, to be understood even so and in cold contempt to refuse to answer any questions from the judges— these women believing, though, that there does exist the wonder of a word and its combinations, the white handkerchiefs of vowels with which to wipe one's moist eyes in a moment of repentance and insight and—offering the miraculous water of pronunciation— by sprinkling—to a living baby would convert one part trying to reach other divided parts of its body, and—already breathing, this subject, the main life, in freedom, joins its predicate in such a way that from the excised hanged-man comma, the millstone comma, Adam would get back his speech because the full-blooded word has become his body.

Žaidimai

Tai buvo pagal tipinį projektą iš gelžbetoninių konstrukcijų surinktas pastatas, stovintis kiek atokiau nuo savo absoliučiai identiškų giminaičių,murzinais aliejiniais dažais nutepliotas koridorius, sandariai uždaromos durys į bet kokią patalpą, kreida nubaltintos lubos gal ir galėjo numanyti, ką čia atras, nedrąsiai šio pastato duris paklabenusios įvairaus amžiaus moterys, bet nė sapnuoti jos nebūtų sapnavę, jog iš kito koridoriaus galo į jas plačiai atmerktomis žydromis akimis galėtų draugiškai žiūrėti gal trejų ar ketverių metukų mergaitė, šiek tiek nustebus, jog užuot ją pakalbinę, šios viešnios jos akivaizdoje nervingai sukdavosi šonu, mėgindamos po skarele paslėpti plykstelėjusį raudonį arba nusileisdavo ant akių tankų skrybėlaičių šydą tartum jų žvilgsniai būtų galėję nužudyti mergaitę šalta peilio geležtimi.

Jos buvo puošnios kaip lėlės—geltonplaukės ir juodaplaukės, tik jų fabrikinėms akims, matyt, buvo pagailėta darbo—jos nei užsimerkdavo, nei atsimerkdavo—išpaišyta plastmasė ir tiek!

Dabar, kuomet mergaitė užaugo ir kasdien žaidžia tik su kraujospūdžio matavimo aparatais bei stetoskopais, jai atrodo, jog, jeigu šios judančios, tačiau nemirksinčios ir nekalbančios lėlės būtų leidę jai tuomet su jomis pažaisti, jos nebūtų taip ir pasilikę aname pastate visam laikui—šlykščiai išrengtais, drobiniais pjuvenų prikimštais kūnų korpusais, nežinančiais, po kokiu baldu nusirideno jiems priklausiusios galvos, atsainiai išsukinėtom rankom ar kojom, nuimtais skalpais, išbadytomis akimis—nusibodusiais ir atitarnavusiais žaislais, besimėtančiais kurioje nors pagalbinėje to pastato patalpoje.Jeigu tik būtų pažaidusios su mergaite! Bet lėlės troško žaisti su berniukais, nežinodamos, jog berniukai nemėgsta žaisti su lėlėmis.

Games

The building was made of ferroconcrete, like a typical project, but standing apart from its absolutely identical relatives, its corridors daubed with grimy oil paint, the doors to its rooms sealed shut, its ceiling whitened with chalk, women of different ages knocking timidly on its doors but never dreaming that, at the other end of the corridor, a girl of three or four with blue eyes wide open would shoot them a friendly look, surprised that they tried to hide their flushed faces under kerchiefs or hat veils, as if a glance of theirs could kill the girl with the cold blade of a knife.

They were as smart as dolls, blondes and brunettes, but their industrial eyes needed work—they neither opened nor closed, nothing but decorated plastic.

Now when the girl grew up to play every day with blood pressure monitors and stethoscopes, it seemed to her that if those dolls, moving but not blinking or speaking, had only let her play with them back then, they wouldn't have stayed in that building forever, their hideously naked cloth bodies filled with sawdust, their wrenched-off heads and twisted-off arms and legs and poked-out eyes rolling who knows where, under the furniture—toys that one is sick of, toys that have served their time, banished to some utility room of the building. If only they had played with her! But the dolls had been keen to play with boys, not knowing that boys don't like to play with dolls.

Talismanas, Arba Auksinė Žuvelė Apžiojusi Perlą

Gyvenimas yra banguotas: vieną žavią pavasario dieną pasijunti putotos keteros iškelta taip aukštai, jog atrodo—esi pasiekusi lig tol uždraustą sferą, kurioje gali gyventi tik dievai, nerūpestingai mintantys oru ir praplečiantys tavo pasaulio ribų suvokimą, o šis blykstelėjęs atsiminimas tau taps išganingu vėliau, kuomet ta pati banga nugramzdins į patį dugną, įtūžusiai čaižydama smiltimis— memento mori!—ir glūdėsi ten nelaimingas ir priblokštas, net nesurasdamas žodžių sudejuoti—už žuvį nebylesnis.

O, aš be reikalo pasakiau—už žuvį nebylesnis, kadangi būtent žuvis papasakojo man šitą istoriją, blyksėdama žvynais ant mano piršto, o šitą žuvį, galinčią išpildyti bet kokį norą vandenyno pakrantėje sugavo mano vyras—kaip ir jūs nekenčiantis valdingų bobų, su auksinės žuvelės pagalba panorusių tapti pasaulio karalienėmis.

Iš pat pradžių aš atsisakinėjau imti dovanas, bijodama sielos tingulio ir persisotinimo, nenorėdama tapti išpuošta kalėdine eglute, kuri tuoj po švenčių išmetama į savartyną, arba neaiškios kilmės žvėriūkščiu, kurį vedžiojasi savininkas iš miesto į miestą pasirodyti didžiųjų mugių metu. Bevelijau pati teikti dovanas kitiems—savo nutapytus paveikslus, megztus šalikus, arba pagarbiai suadytas kojines, nelaukdama už tai dėkingumo.

Tačiau šiandien, įteikusi vyrui pačią brangiausią dovaną— naujagimį—atsargiai apklostytu veiduku, kad jo švelnios odos nepakąstų vasario žvarba, aš pajutau, kaip pati išsivyniojau lyg kokonas iš visų mane spaudusių sąlyginumų, tapdama rami ir švelni lyg šilkas po sunkaus šilkverpio triūso . . . Galbūt tai ir yra moteriškumo esmė, bet ar man apie tai spręsti? Šiaip ar taip , manau, jog būtent tai sukėlė jam nenugalimą norą sugauti man auksinę žuvelę, kuri išpildytų visus mano norus . . . Ir man graži ši auksinė žuvelė, suokalbiškai žiūrinti nuo piršto man į burną, iš kurios turėtų pasigirsti eilinis įsakymas. Auksinė žuvelė man graži ir tiek, todėl ja aš nepiktnaudžiausiu.

Talisman, or The Golden Fish with a Pearl in Its Mouth

Life is turbulent: once upon a delightful spring day you feel yourself lifted by the foamy crest of a wave so high that it seems—for a moment you reach that prohibited sphere in which only gods can live, carelessly surviving on air alone and broadening your apprehension of the limits of the world, a glittering reminiscence that will be salutary for you later, when the same wave submerges you, down to the bottom, in a white rage whipping up sand—*memento mori!*—and you lie there miserable and stunned, not even finding words for lament—more mute than the fish.

Oh, I tell this unnecessary tale—more mute than the fish, because it was the fish that told me this story, its scales glistening on my finger, and the fish, which has the power to fulfill any wish my husband has caught on the seacoast—who like you hates ambitious women, who want with the help of the golden fish to become queens of the world.

From the very beginning I have been refusing gifts, afraid of laziness of soul and excess, unwilling to turn into a decorated Christmas tree that soon after the holiday is tossed into the dump, or a little beast of dubious origin, toured by its owner from town to town to perform during the season of great fairs. I wanted instead to give presents to others—drawings I had made, scarfs I had knitted, or carefully darned stockings, not waiting until thanksgiving to present them.

But today, giving my husband the most precious gift—a newborn—his tiny face gently covered so that the harsh February wouldn't bite his tender skin, I have felt myself unspooled like a cocoon from all the conditions that bound me, becoming calm and tender like silk after the difficult toil of the silkworm . . . Maybe this is an essence of woman's nature, but am I the one to judge? Somehow I think this arouses in him an irresistible desire to catch me a golden fish that would fulfill all my wishes . . . And this golden fish is beautiful to me, gazing from my finger toward my lips from which will issue my next command. But the golden fish is beautiful to me and that's enough, I will not abuse it.

Senbernis

Jis buvo vienintelis vyras tokį ažiotažą sukėlusioje parodoje-pardavime, kurioje lyg kaitinamos galvos po kirpyklų gaubtais arba ir visai vienplaukės žiemą puikavosi kambarinės gėlės parsiųsdintos iš kažkokios gėlininkyste garsėjančios užsienio valstybės. Ilgokai, ilgiau negu kiti lankytojai jis užtrukdavo prie kiekvieno vazono, net nepastebėdamas, jog savotiškai trukdo normaliam lankytojų eismui. ypač ilgai jis stoviniavo prie vieno vazono, kuriame iš pailgų grakščiai karpytų tamsiai žalių lapų, kurie net blizgėjo nuo eterinių aliejų pertekliaus, skleidėsi raudonas (lyg pusiau pravertos iš nuostabos ar iš nekantrumo, belaukiant bučinio, moters lūpos) žiedas.

Priėjau prie jo, pažįstamo iš matymo centrinėje miesto alėjoje vasaros sezono metu, kuomet iš kavinių ant trotuaro išnešami balti staliukai, tokie panašūs į sugipsuotus per visą žiemą ligonius. Man labiau patiko kiti augalai: gležnas, primenantis bananmedį daigelis; veržliai karpytas lyg indėniški ritualiniai galvos papuošimai iš sakalo plunksnų žaliasis gamtos šedevras. O! Atrodė, jog ten buvo sukaupta didelė dalis ilgai nuo mūsų slėptos gamtos įvairovės, kuomet mes patys dar dūlėjome geležinio seifo nelaisvėje lyg visų pamiršti svarbūs dokumentai, palaidoti be jokios vilties kada nors cirkuliuoti natūraliose pasaulio struktūrose.

—Jei patinka, šią gėlę galite netgi nusipirkti. Augalus parduoda kartu su dideliais popieriaus lapais, kuriuose surašytos rekomendacijos jų priežiūrai (ką tik susidomėjus varčiau vieną tokį lakštą—jame buvo nurodytas gėlės pavadinimas, auginimo temperatūra, drėgmė, dirvožemio režimas),—panorau jį dar labiau sudominti gėlininkyste.

A,—jis atsainiai mostelėjo ranka tartum nugindamas šalin nematomas muses.—Ilgai bandžiau auginti įvairias gėles, bet visos jos man kažkodėl nuvysdavo.

Kažkokios abejingos susitaikėliškos gaidelės pasigirdo jo intonacijoje, ir aš nuleidau galvą, kad tik jis nepastebėtų, kaip prie jo priėjus arčiau man staiga pasidarė pilka, pikta ir nuobodu.

Old Bachelor

He was the only man at the wildly agitated exhibition /sale, in which, like heads heated under domes at hairdressing salons or parading uncovered all winter, window plants showed themselves off, sent here from some country famous for floriculture. For a long time, much longer than other customers, he stood at each flower pot, unaware that he was disturbing the normal flow of viewers. For an especially long time he stood at one flower pot, in which, among long gracefully-formed dark green leaves that glittered from excess of essential oil, bloomed (half open, like a woman's lips from wonder or impatient waiting for a kiss) a red blossom.

I approached him, who I knew by sight from the city square during the summer, when cafés set out white tables, so similar to these plants confined to plaster pots for the long winter patience. I preferred other plants: a delicate shoot that reminded me of a banana tree; trimmed like Indian ritual adornment of the masterpiece of nature with plums and a falcon. Oh! These plants seemed to hold the greater part of nature; diversity so long hidden from us, when we ourselves still mouldered captive in an iron safe like forgotten documents, buried without the hope of circulating in the natural exchanges of the world.

—If you like this flower, you can buy it. The plants sold come with big sheets of paper, on which are printed instructions for their tending (a moment before I had been reading through one such page—on it was written the name of the flower, the ideal growing temperature, dampness, type of soil),—I wanted to interest him through floriculture.

—Ah, he waved his hand carelessly, as if shooing unseen flies.

—I've tried to grow various flowers, but for some reason they all wilted.

Some indifferent, tolerant tone came through in his intonation, and I looked down so that he wouldn't notice that approaching him had only made me gray, angry, and bored.

Kalėdinė Dovana

Ji suvyniota į saulės nutviekstą dangiškos spalvos peizažą: pro išsišovusius kraštus ryškėja kontūrai Notre Dame, po kurio skliautais ratu—nuo altoriaus ligi altoriaus—juda įvairiaspalviai taškiukai tartum atgiję Sera potėpiai: ir mūsų pačių trajektorija— nuo Rue Savoi ligi Luvro, nuo d'Orsey ligi Pere Laichaise'o—keliais impresionistiniais brūkšneliais papildo šį tapybos šedevrą: kaip sunku kalbėti prancūziškai arba kalbėti apskritai su Eifelio strėle širdyje, kurią paleido lengvabūdis Kupidonas Kalėdų išvakarėse.

Christmas Gift

It is wrapped in the glow the sun the celestial color landscape: through the edges show the outlines of Notre Dame, under whose vaults in circles—from altar to altar—move dots of various colors as if risen from the dead brushstrokes of Seurat: and our own path—from Rue Savoi to the Louvre, from d'Orsay to Pere Lachaise—by impressionist dashes fills out this *chef d'oeuvre* of painting: how difficult it is to speak French or to speak at all with the Eiffel arrow through your heart, shot by careless Cupid on Christmas Eve.

Monumentas

Jis stovėjo aukščiausioje kapinių kalvoje, į kurią iš visų pusių vedė smėliu pabarstyti takeliai. Tai, matyt, ir buvo turintis kelti pagarbą ir susižavėjimą Panteonas. Masyvi skulptūros galva buvo iškilusi virš visų kitų paminklų, o rankų statula neturėjo—pagal skulptoriaus sumanymą nuo kaklo visą kūną staiga pratęsė knygos, nepalikdamos vargšei įžymybei jokių šansų virpančiais pirštais atsagstyti bent kelias sagas mylimos moters suknelėje arba godžiai prisitraukti taurę raudono kibirkščiuojančio vyno, nekalbant jau apie jokius kitus gyvenimo malonumus. Mes nežinojome netgi šio autoriaus, kuriam ir buvo skirtas monumentas, pavardės—ji buvo parašyta per aukštai, ir vakaro prieblandoje netgi ir labai nesistengėme jos įžvelgti—o juo labiau mums nieko nesakė dailiai iškalti marmure tekstai prancūzų kalba.

Mes dar nežinojome, kad kapinių sargas jau užrakino nakčiai vartus, sulygindamas gyvuosius ir mirusius, ir kad mes glausimės prie šio šalto nepažįstamo akmens, dalindamiesi su juo vieninteliu kišenėse surastu apelsinu ir savo kūnų šilumos likučiais,—tokie maži ir nežinomi niekam—net prisiekusiems kapinių lankytojams.

Monument

It stood on the highest hill in the cemetery, to which from all sides led sandy paths. It stood prominently, evoking the respect and fascination of a Pantheon. The massive head of the sculpture stood above all the other memorials, though the statue had no hands— fulfilling the intention of the sculptor the whole body from the neck down is limbed with books, leaving no chance for the poor celebrity with his trembling fingers to unbutton a few buttons on the dress of the woman he loved or greedily lift to his lips the glass of rich red wine, not to mention any other pleasures of life. We didn't know even the surname of the author for whom the monument had been built—it was written too high, and in the dusk that evening we didn't bother to look through at it—much less the elegant passages engraved in the marble from texts in the French language.

We did not know yet that the cemetery guard had locked the gates already, equalizing the living and the dead, and that we would lie on the cold unfamiliar stone, sharing it and the lone orange in our pockets and the remnants of warmth in our bodies,—so small and unknown to anyone—even the visitors sworn to the cemetery.

Verpetas

Žiūrėdama į šią grakščią būtybę su pilkomis spindinčiomis akimis ir su nerūpestingai ant kaktos krintančiais madingos šukuosenos kirpčiukais, nejučia išvysdavau ežere besiirstančią valtį, kurios viduryje prie irklų buvo pasilenkęs gana lieknas, bet stiprus vyriškis, akies krašteliu stebintis, kaip nuo lengvo brizo tartum burė išsipučia jos baltos šilkinės palaidinukės pelerina—todėl man absoliučiai nesuprantamas pasirodė jos strimgalvis pasinėrimas į politikos verpetą.

Pasidalinusi savo įspūdžiais apie vakarykštę konferenciją, kurioje jai teko dalyvauti, ši moteris nejučia ėmė pasakoti apie savo sūnų, kuris jau senokai nenakvoja namuose. Atsiminiau šį mandagų, kiek rafinuotą jaunuolį—nevartojantį alkoholio ir nerūkantį— motinos pasididžiavimą: pirmą kartą pasirodžiusius kur nors kartu aplinkiniai laikė juos broliu ir seserimi—tokie jie atrodė jauni ir artimi vienas kitam.

O dabar šis jaunuolis visas dienas ir naktis leido pas kažkokią nusivalkiojusią mergšę prie samagono buteliais apkrauto stalo: už jo išsikėtojus sėdėjo ir jos nevalyva motina—masyvi kaip buldozeris, kurio piktos stiklinės akutės tik ir sekė, kad jo kelyje būtų nuversta viskas, kas dar žaliuoja, žydi arba gali sukelti kokią širdperšą—netgi savo motinos, kuri po ilgų ieškojimų ir nemigo naktų staiga atsidūrė šių namų tarpduryje—apkvaitęs jaunuolis, jau, rodės, nebeatpažino.

Ir liūdna man buvo klausytis šitos istorijos, tuo pačiu metu galvojant, ką čia racionalaus būtų galima pasiūlyti, bet tik tuomet aštriau pajutau, kuo čia dėta politika.

Whirlpool

Gazing at this graceful creature with gray shining eyes and casually tousled on her forehead the bangs of her trendy hairstyle, always I used to see in the lake a boat in which stood a slim but strong man looking at her from the corner of his eye as the light breeze filled her silk pelerine like a sail—that's why I simply couldn't understand her mad plunge into the whirlpool of politics.

Sharing her impressions of the conference she had to participate in yesterday, this woman gradually began to tell about her son, who hasn't lived at her home for a long time. I remember this polite, refined young man—who didn't drink or smoke—his mother's pride: when they appeared together for the first time, people took them for brother and sister—they looked so young and close to one another.

But now this young man has begun to spend his days and nights with some haggard girl at a table littered with bottles of moonshine: and sprawled there too was her derelict mother—massive as a bulldozer tracking with its wicked eyes anything in its way that might still grow green or blossom or provoke heartbreak—and his own mother, who after looking for him many sleepless nights finally appeared at the doorway of this house—was shocked by this young man all in a heap, already unrecognizable.

And feeling sorrow I listened to her story, all the while thinking what advice I could offer, and in that attempt feeling more sharply its connection to politics.

Džiazas

Skubu, jau vėluoju į džiazo koncertą,puikų išankstiniu nežinojimu,kas gali įvykti sausakimšoje salėje, pasilikus akis į akį su budeliu,kuris šį kartą,nuobodžiai pasitardamas su savo parankiniais ir skaitydamas nuosprendį iš jam vienam tematomų natų, gal pasigailės, o gal vienu ypu nukirs galvą, atverdamas arteriją ir priversdamas kartu su kitais kaukti iš siaubo ir susižavėjimo-budelis,kurio vardas Muzika!

Bet džiazas niekuomet nenutrūksta, trūkinėdamas kaip ta karūna iš pienių,kurią verksmingai užgrojęs klarnetu, iš manęs reikalauja nupinti sūnus, nepaisydamas to, jog visai nebeturiu laiko.Juk po poros minučių pienės nuvys—vienkartinės kaip garsai, kuriuos išgrojo arba jais atsidūsėjo kažkoks muzikantas ir vargu, ar juos kada nors atsimins jis pats bei jį tik šįkart girdėję.

Tik kažkokį nesuprantamą malonumą man teikia šio darbo bergždumas—karūnos pynimas iš pienių—siaubingai karščiuojantis ir žiūrint į laikrodį, kurio rodyklė visai neberodo dar likusio laiko—lyg gyvenimas po mirties.

Nes koks koncertas gali prilygti Gyvenimo Džiazui!

Jazz

I'm in a hurry, I'm already late for the jazz concert, and I have no idea what could happen in that jam-packed hall, face to face with the executioner who tediously consults his assistant and reads the sentence from the notes that only he can see, maybe taking pity, or maybe opening an artery, chopping off a head, compelling everyone to howl with horror and fascination—that executioner whose name is Music!

But the jazz goes on breaking like this crown of dandelions my son has asked me to make, crying through his clarinet, not caring that I don't have time for it. After a few minutes the dandelions will wither, individual as sounds that some musician has played or sighed, though he's not likely to remember them, or be remembered for having played them one time only.

But the futility of this job, weaving a crown of dandelions, gives me a certain pleasure that I don't quite understand, feeling feverish and glancing at the clock whose hands don't show the time that's still left, like life after death.

Because what kind of concert could evoke the jazz of life?

Brangenybės

Jie nori žinoti,ar neprarijau kokio brangakmenio, ir aš kantriai ištveriu šią nemalonią procedūrą, po kurios tampa aišku, jog esu tuščia kaip muziejaus salė po lankymo valandų, bet sąskaita, man pateikta už rentgenoskopiją, rodo, jog tam, kad ji būtų apmokėta, kai kurios mano kūno dalys turėtų būti mažų mažiausiai auksinės. Ir kodėl gi ne? Juk turiu perlus burnoje, šilką ant galvos ir smaragdus akiduobėse, kuriuos labai sunku išsaugoti nepakitusius, reguliuojant temperatūrą, apšvietimą ir kitus dalykus, kai čia atslenka gausūs lankytojų būriai, tačiau niekam nė nedingteli mintis, jog patys vertingiausi, patys gražiausi dalykai slypi mano galvoje – žaižaruojantis minčių lobis, kurio man užteks ligi gyvenimo pabaigos. Ir liūdna tampa pagalvojus, jog sakinių diademomis, naktinių apmąstymų vėriniais negalės grožėtis nė vienas žmogus, jog ir aš, pavarčius juos vienatvėje, turėsiu padėti atgal, į nakčiai užrakinamą galvos seifą.

Todėl išlankstau šį popierinį laivelį ir, sudėjusi į jį savo brangenybes, paleidžiu jį plaukti upe ligi pirmojo sutiktojo, kuriam nuo šiol jos ir priklausys.

Treasures

They want to know if I have swallowed a precious stone. I suffer patiently through the procedure until it becomes clear that I am as empty as a museum hall after visiting hours, but in order to pay the X-ray bill they present me with, some of my body parts are going to have to be golden, at least. And why not? Because I have pearls in my mouth, silk on my head, and emeralds in my eye sockets, all very difficult to conserve, regulating the temperature and light as crowds of visitors pass slowly by, and yet it doesn't occur to anyone that the most beautiful things are concealed in my head—a sparkling treasure of thoughts, enough to last me through the end of my life. How sad that no one else will get to admire the diadems of sentences, the pearl-strings of the night's meditations, which even I, in my solitude, must stash back in the head's safe and lock for the night.

So that's why I'm making this folded paper boat and putting all of my treasures into it, letting it go on the river to sail toward a person who will own everything from now on.

Epitafija Mirusiam Kūdikiui

I

Akmeninis kūdikis su angelo sparnais,
Kurie matomi tik iš užnugario, neužstojant alyvų lapams.
Keturių mėnesių. Lyja. Tuščias suoliukas tenai,
O atrodo abu tėvai tebesėdi prie lopšio—kapo.

II

Jis dar neišmoko kalbėti, o jau turi
Susikalbėti su mirusiais, tad žino daugiau
Už gyvuosius, nes būdamas vienatūris
Iš amžinatvės prašo to, ką jau baigiau.

III

Akmeninis berniukas su angelo sparnais,
Šiek tiek didesnis už keturių mėnesių kūdikį (nuogas
putlus kūnelis su meniškai išskobta bambute):

Kapinių vienatvėje—nei dūšelės aplink.
Tik lietus.

Ir staiga kažkas atima žadą.

Epitaph for a Dead Infant

I
Stone infant with an angel's wings,
Seen from behind, obscured by olive leaves.
Four months. An empty bench. It's raining.
Both parents sitting at the nursery-grave.

II
He cannot yet speak, though he must learn
To converse with the dead. An only child, he knows more
Than the living, because he calls on
Eternity to give what I cannot offer.

III
Stone infant with an angel's wings,
a little bigger than a four-month-old (naked
                chubby body with a finely chiseled
                    navel):

In the solitude of the graveyard—no one's soul.
                Only the rain.

And suddenly something takes away words.

Lopinėlis Žalumos

Ten—pragaras. Kiemelis. Lūžęs suolas.
Jame medelis kreivas—lopinėlis žalumos.
Prie durų budinčioji tartum širšė puola,
Neleisdama lankyt—paskui ranka numos,

Paduodama tą rankeną durims—be rankenų.
Kasdieniškai. Niūriai. Iš pareigos.
Šiandieną Cerberį aš įveikiau. Tai tenkina.
O nusidėjėlį už grotų net paguos.

A Patch of Green

There: hell. A yard. A broken bench.
A crooked tree. A patch of green.
Near the door a guard attacks like a hornet
Not letting me in. Then gestures with her arm,

Giving me the handle to the door without a handle.
Matter-of-factly. Sullenly. Out of duty.
Today I overcame Cerberus. It's satisfying.
Even the sinner behind bars will be comforted.

Laiškas Sylvia Plath

1995 gruodžio 1 d.

Mieloji Silvija,

rašau Tau tokią pat atšiaurią žiemą kaip tada, kai
                      greitosios pagalbos automobilyje
virš Tavęs pasilenkė Thanatos ir aš nežinojau,
kaip atrodo Eros, būdama tik aštuonerių.
Užtat dabar esu aštuoneriais metais vyresnė už Tave
ir tam, kad suprasčiau Tavo pasitraukimą
iš šio beprotiško Casino, ant kurio ruletės
užstatomi ne tik pinigai ir šlovė, bet ir nieko
neįtariantys gretimame kambaryje
miegantys kūdikiai, apsikabinę pliušinius plėšrūnus,
išverčiau Tavo eilėraščius: supratau, jog Tu sugebėdavai
egzistuoti, jau iš toli žvelgdama
                          į save,—
lyg šis kasdienis pasaulis tebūtų avilys,
iš kurio sklindantys nesuvokiami lotyniški skiemenys trauktų
            Tave lyg jo savininką—Cezarį.
Gal gali atsakyti, kodėl ir mane
durų girgžtelėjimas gretimame kambaryje
                pusę aštuonių ryto,
                    brėkštant,
sugrąžina į avilį, į patį bičių spiečių,
ir aš nebesuprantu šio tarptautinio pokalbio su juodu
telefono karstu—tarp Tavęs ir manęs.

Letter to Sylvia Plath

1 December 1995

Dear Sylvia,

I write you in as harsh a winter as when
                              in an ambulance
Thanatos leaned over you, and I didn't know
what Eros looked like, since I was only eight.
But I am eight years older now than you were then,
and in order to understand your departure
from this crazy Casino, on whose roulette wheel
depends not only money and glory, but even
completely unsuspecting in the next room
sleeping infants, hugging their stuffed predators,
I translated your poems: I understood that you were able
to exist, already looking at yourself
                              from a distance,—
as if this everyday world were a bee box,
from which burning unintelligible Latin syllables would draw
                  you like its owner—Caesar.
Maybe you can tell me also
why the sound of the door to the next room opening
                        at half past seven,
                        at dawn,
returns to the bee box, to the swarm itself,
and I can't understand this international conversation through a black
telephone coffin—between you and me.

Juodoji Akivaro Akis

negi taip ir samstysiu kiaurasamčiu eilėraščių lašus
ligi gyvenimo pabaigos,
juokingesnio amplua ir nesugalvosi:

lyg senutė, viena ranka prilaikanti Charono irklą,
atlikinėtų pa de deuex vaikiškame balete
"Snieguolė ir septyni nykštukai"

per pirmąją pamoką

žvelgiu į vėl užsitraukusį abejingą akivarą, kuriame
kažkada nuskendo

keli romanai, keliasdešimt apysakų,
o tespėjau pastebėti vaškinę
giltinės ranką
žemyn

nuvilkusią pradarytą lagaminą su drėkstančiais apsakymų lapais,
kurie tirpo, virsdami lipnia
juoda mase,

bet aš dar neįsigijau akvalango,
būtino
nardant tokioje klampynėje
ir tamsoje

The Pond's Black Eye

Am I to keep ladling out drops of poems with a slotted
                     spoon until the end of my life,
I can't imagine a more ridiculous role:

like an old woman holding back Charon's oar with one
arm, performing the *pas de deux* in the children's ballet
Snow White and the Seven Dwarves

during the first lesson
I look again at the closed indifferent eye, in which
                       once drowned

a few novels, several dozen narratives,
             and managed to catch a glimpse
                 of death's
                     wax hand

dragging off the half-open suitcase with damp novella
             pages which dissolved, becoming a sticky
                 black mass

but I have not yet acquired the aqualung
                 necessary
           to dive into such a swamp
           such darkness

Lapės Mieste

Rusvaplaukės papurkailės lapės slankioja miesto gatvėmis,—
zigzagais,—
Edeno INC parduotuvėje pareikalaudamos prancūziškų kvepalų,
kad atsikratytų barsukų olų ir plačiašakių tamšžalių
eglynų kvapo:

kaip guviai jos kiauksi baruose, spragsėdamos žiebtuvėliais,
mąsliai stebėdamos,
kaip nuo įmantrių formų cigarečių dūmo
bunka
jas persekiojančių skalikų uoslė:

kaip uoliai įkišusios gyvatuką į elektrinį
rozetės urvą
verda kavą glotniai nusiskutusiam firmos
bosui—vilkui
ir jo tolimiems užsieniniams svečiams—lanksčiam
diplomatiškam leopardui, dryžuotamaršškiniam
tigrui bei piratiškai piranijai—o,
kaip įnirtingai jie aptarinėja faunos
išlikimo perspektyvas:
Tai lapių gudrumėlis.
Galų gale nusprendžia, jog pėdos
Sumėtytos jau galutinai, ir joms nebegresia
joks dvivamzdis,
o ypač tuo metu, kai laiko "Ford Scorpio" vairą,
tad retkarčiais žvilgtelėdamos į užpakalinį veidroduką,
kuriame matosi visa sudėtinga kamšatis magistralėj,
net nebekreipia dėmesio,
kad iš išmetamojo dujų vamzdžio
lašnoja kraujas,—

Foxes in the City

Tawnyhaired rufflefurred foxes sneak down the city's
streets—in zigzags, in the Eden Inc. shop demanding
French perfumes to rid themselves of the smells
of badger dens and wide-branched dark green firs:

how quickly they yelp in bars, clicking lighters,
                cleverly observing
how from the smoke of pretentious cigarettes
          the sense of smell
              of the hounds that persecute them dulls:

                how zealously inserting the coil into
                the electric socket
                they boil coffee for the smoothly shaven
                company boss—the wolf
                and for his guests from far abroad—
                the supple diplomatic leopard,
                the stripe-shirted tiger and the piratical
                piranha—o, how rabidly they discuss
                fauna's survival perspectives:

It is the cleverness of foxes.
In the end they decide that the tracks
are completely confused and that they are not in danger
          from any twin-barrel
          and especially then, when holding the wheel of a
          Ford Scorpio and rarely glancing in the rearview
          mirror, in which is reflected the complicated
          crush of the highway,
          they pay no attention
          that from the exhaust pipe

išpjautos daugiavaikės kiškių šeimynėlės kraujas,
arba kaip paikai
            lyg popieriniais dokumentais
vasnoja sparneliais perekšlė,
gindama motinystės teises
ir jau su purvinu atolydžio sniegu susilieja
            paralyžuoto barsuko,
apgraužto ir išmesto į šiukšlyną,
            kraujas
dažniausiai tuo metu, kai spalio vėjas
ir rusvaplaukės lapės miestų gatvėse
puikuojas kailiniais.

drips blood—the butchered
many-childed rabbit family's blood,
or how foolishly
                as if with paper documents
the brood hen flaps her wings
defending the rights of motherhood
and how the blood of the paralyzed badger,
gnawed and thrown into the garbage,
blends with the dirty thaw of the snow
usually at the time of year when the October
wind and tawny-haired foxes show themselves off
on the city's streets in furs.

Tik Kas Iš To

Būdama nėščia ir žindydama

pagalvodavau
apie kibirkščiuojančią vakaro žarose vyno taurę,
apie aspirino tabletę, kuri lyg teniso kamuoliuką
žaibiškai atmuštų atakuojantį smegenis
                    galvos skausmą,
apie ilgą ir elegantišką cigaretę
                    mano rūkančių draugų kompanijoje

dabar jau visa tai galiu sau leisti

tik kas iš to

But So What

Being pregnant and when nursing

I would think
about a glass of wine sparkling in the glow of evening,
about an aspirin tablet, which would make a lightning
                              tennis-like return
against the pain that was attacking my brain,
about a long and elegant cigarette
                   in the company of my smoking friends

Now I can allow myself all of that

but so what

Baladė Apie Pražūtingą Aistrą

Daugybė puikių ikonų, sudžiūvusių nuo senatvės Rūpintojėlių,
antikvarinių rankomis raižytų indaujų, spalvingų porcelianinių indų,
arfų ir kitų taurių muzikos instrumentų—

tai jos aistra, karštligiška, visaaprėpianti, pašėlusi,—

kuriai ji aukodavo visą save, vyro ramybę, namų erdvę, kūdikio,
iš alkio žindančio savo nykštį, maitinimo reguliarumą,

      paskui kokį nors varinį Tulos samovarą
      atkakliai trenkdamasi

duobėtais kaimo žvyrkeliais
      lyg pamestoji paskui mylimąjį:

ji žino, jog supirkdama juos, paėmė savo globon daugelio
kartų gyvenimus
      su jų prislopintais kuždesiais, vaikų ožiavimusi
      prie stalo, jaukiu juoku ir vienišomis senelių
         aimanomis,

ir kartais jai būna baisu,
      kai visi laikrodžiai—sieniniai, žadintuvai,
      kišeniniai su platininėm grandinėlėm ir šveicarų
      gamybos prisegami ant riešo—visi šie laikrodžiai
      ima tiksėti sutartinai ir grėsmingai lyg
      paslėpta mina,

grasindama susprogdinti ir jos namus.

A Ballad About a Ruinous Passion

A multitude of magnificent icons, figures of the
          Worrying Christ shrunken with age,
antique hand-carved dressers, colorful
          porcelain dishes, harps and other noble
musical instruments—

it is her passion, fever, all-encompassing, frantic—

to which she sacrificed her whole self, her husband's
peace, the house, the regular nursing of her baby,
suckling himself in hunger on his own thumb

                    later seeking some samovar from Tula
                    persistently banging

                    along village gravel roads
                    like a spurned woman after her lover:

she knows, that by buying them she takes into her care
the lives of many generations
                    with their muffled whisperings,
                    children's stubbornness
                    at the table, comfortable laughter,
                    and lonely moans of the old

and sometimes she is afraid,
                    that all the clocks—wall, alarm,
                    pocket with platinum chains and
                    Swiss-made watches attached to the
                    wrist—all these clocks begin to tick
                    in unison and in threat like
                    a hidden mine,

threatening to blow up her home.

Fanatikės

Nenustebčiau pamačiusi ją užsimaukšlinusią Kukuksklano
gobtuvą su siauromis išpjovomis akims, o ne su žalia suknele,
sujuosta tokiu raudonu diržu kaip šiandien; jai nebereikia ką nors
kalbėti, nes kaulėtas kūnas kiekvienam primena memento mori,
o nutriušusių plaukų pelės uodegytė bando išsisukti iš plačiojo
pasaulio jai spendžiamų spąstų: dar iš ryto jos serganti dukra
maldavo mamos neišeiti, tačiau jos misija niekaip nesutelpa jų
varganame kambarėlyje, juk ji privalo susitikti su į save panašiais,
ir tai turėtų sudaryti didžiulį būrį, taip primenantį trimitininko
Hamelno paskandintą žiurkių armiją, nes jos taip plėšrūniškai puola
kiekvieną sutiktąjį, apipildamos jį popieriaus lavina ir argumentų
kruša: jau seniai pamiršę savo pačių žodžius, lyg akmenimis į savo
pasmerktąjį jos svaidosi pastraipomis iš Šventojo Rašto, retkarčiais,
beje, sutrikdamos, nes žemažiūrėmis akimis pastebi, jog užpultasis
dar nėra pritrėkštas jų išprusimo ir kad kaip kiekvienas gyvis jau
nori gintis pabėgdamas
   į didelį ir gražų pasaulį su iš nuodėmės gimusiais vaikais,
paveikslais ir paukščiais, kol dar neišaušo Baltramiejaus naktis ir
pats Belzebubas nepasiuntė tos pačios žiurkių armijos, kad perkąstų
gerkles naujagimiams.

Fanatics

I wouldn't wonder if I saw her slip her Ku Klux Klan hood over her head, with its narrow slits for eyes, but she wouldn't wear it with the green dress she wears today, cinched by a red belt; she needs no outfit to talk for her, since her bony body serves for us all as a *memento mori,* and her mouse tail of crimped hair tries to escape from a trap set for her by the wide world: in the morning her ill daughter implored her not to go out, but her mission could not fit into their miserable little room, for she must find others like her, must form a huge detachment, like the army of rats drowned by the Pied Piper of Hamelin, to attack each person they meet, burying them under an avalanche of paper and a hail of arguments: long ago having forgotten their own words they stone the doomed victim with verses of Holy Scripture, disturbed sometimes, by the way, because with their nearsighted eyes they notice that the victim is not yet crushed by their instruction and defend themselves by fleeing, as any living being would,

into the big beautiful world of the children born of sin, with its paintings and birds, where the Night of St. Bartholomew has not yet frenzied nor Beelzebub himself sent that same army of rats to slit the throats of infants.

Bobų Vasaros Voratinkliai

Lyg pergamento ritinėliams čežant ir krintant gelstantiems lapams, tiesiog būtina įsimylėti—grakščiai traukant nekaltus bobų vasaros voratinklius (it kūdikiais vyrai ir moterys mano jais visiems laikams pririše vienas kitą prie savo personų)—įsimylėti kaip vėtra, draskanti namų stogus, kad nuplėštų juos tartum beprasmiškas, laiką švaistančias skardines—žvaigždė staiga įsižiebtų stalinės lempos vietoj, ir ne apmušalai, o Marso laukai plytėtų ant sienų, tai rausdami iš netikėtumo, priartėjus aistros kosminiam laivui, tai blykšdami iš baimės, jog niekas taip ir nepalies jų įkaitusio kūno, ir— argi svarbu, kur tai veda—Dangus ir pragaras maišosi čia pat, mūsų nuodėmingoje Žemėje—

peršniodami kruša ir užliedami Saule,—Viešpatie,—kokie maži ir neįdomūs mes atrodytume patys sau, stodami paskutinėn akistaton prieš dangiškas spalvas ir atspalvius keičiančias, gailesčio debesimis apniauktas Tavo akis.

The Gossamers of Indian Summer

When leaves and parchment scrolls begin to rustle and turn yellow, it becomes necessary to fall in love, gracefully tugging the blameless gossamers of Indian summer which men and women assume must be binding their personalities to each other—to fall in love the way a storm wastes its energy rending the roofs of houses as if they were meaningless tin cans—suddenly a star and not a desk lamp lights up, and fields of Mars stretch where there had been wallpaper, now reddening when the cosmic ship of passion approaches, now getting pale for fear that nobody will touch the incandescent body, and—what does it matter, where it might lead?—Heaven and Hell mixing right here on our sinful Earth.

Whipped by hail, flooded by the Sun—oh, Lord—how small and uninteresting we would look to ourselves standing on trial in front of your eyes that are a sky of changing tints and colors, covered with the clouds of compassion.

Deimantų Kasykla

Kaip sunku išsiskirt su draugais (lyg gaisrinė mašina visu greičiu tebelekia nepabaigiamas pokalbis, teberūksta peleninė su jų paliktomis nuorūkomis), akimirką delsi prieš imdamasis plauti puodukus su, rodos, ką tik garavusia kava, kad už skverno sulaikytum bent jų buvimo iliuziją su lūpų šiluma ant puoduko kraštų: žodžiai lyg voverės, šokinėjančios nuo lūpų ligi klausos šakų—

juos reikia regėti, gėrėtis jų eiklumu ir grakštumu, bergždžiai stengiantis prie jų prisiglausti—net sūnus, jau apsivilkęs uniforma, vaikosi juos ligi paskutinės minutės, rizikuodamas pavėluot į mokyklą,—taip, dar įmanoma imtis smulkių gudrybių, kad ir vėl jie prisėstų prie stalo, be jokios prievartos, nuoširdžiai įtempę visą dėmesį, laikinai pamiršę savo grandiozinius dienos sumanymus, į kuriuos ruošiasi stačia galva pasinerti: ir juokdamasis ligi ašarų staiga pasijunti pačiu turtingiausiu žmogumi pasaulyje, apibertu jų širdies ametistais ir proto smaragdais, suvokdamas, jog didžiausia deimantų kasykla ir yra draugystė.

The Diamond Mine

How difficult it is to part with friends (the endless conversation still running like a fire truck at full speed, their cigarette butts burning in the ashtray): you linger a moment before beginning to wash the cups of just-evaporated coffee, hoping to evoke an illusion of their presence from the cup brims warmed by their lips: words like squirrels, jumping from lips to the branches of ears—

You must see them, enjoy their nimbleness and grace, try in vain to cuddle with them—even the son, already dressed in his school uniform, chases them until the last minute, risking being late again—yes, it is still possible to trick them into sitting down at the table again, to command their full attention, so that they forget the grandiose projects of the day into which they will soon be plunging; and, laughing until tears form, suddenly you feel yourself to be the richest person in the world, strewn with the amethysts of their hearts and the emeralds of their minds, understanding that friendship is the greatest of all diamond mines.

Laimės Ikebana

Tą pačią dieną, kuomet prieš septyniolika milijardų metų aš atėjau pas savo Mokytoją Sniegą, maža rausvaskruostė septyniolikmetė mergaitė, studijuojanti gėlininkystę, tam, kad Jis perduotų man savo patyrimą, kaip sudėlioti Laimės ikebaną, žavinčią orchidėjų bendrabūvio grožiu ir skleidžiančią vos užuodžiamą aromatą, tą pačią dieną, tik po septyniolikos milijonų metų ir mane aplankė aukštas dailus septyniolikmetis studentas, prisipažinęs, jog laikąs mane savo Mokytoja, tad, nors abi mano rankos buvo užimtos (ant jų saldžiai kūdikiškai knirkė berniukas Kajus ir mergaitė Gerda), aš supratau, jog neturiu teisės sustoti pusiaukelėje, žvarbų vasarį, užšaldžiusį soduose visas begonijas ir mirtas, nes komponuoti ikebanas aš galiu bet kur, net ant lango stiklo savo kvėpavimu, vos prisiliesdama lūpomis prie šalto paviršiaus, nes tai, kas manyje buvo pasėta mano Mokytojo, jau sulapojo mano pačios Mokinyje—gėlės, be kurių neįsivaizduojama mūsų ilgai ieškota Laimės ikebana.

The Ikebana of Happiness

On the same day when, seventeen million years ago, a small girl with red cheeks, seventeen years old and studying floriculture, I came to my Teacher Snow to learn the art of composing the Ikebana of Happiness, charming people with the beauty of massed orchids and the subtle fragrance; on the same day, only seventeen million years later, I was visited by a tall and elegant seventeen-year-old boy who declared me to be his teacher, so that even though both of my arms were occupied (the boy Caius and the girl Gerda sweetly whimpering on them), I realized that I had no right to stop halfway through harsh February, which had frozen the begonias and myrtles, because I could compose ikebanas anywhere, even by breathing on a window glass, scarcely touching its cold surface with my lips, since what had been sown in me by my teacher had already come into leaf in my pupil—flowers, without which the elusive Ikebana of Happiness would be unimaginable.

Lapių Medžioklė

Neįsivaizduoju moters, apsigaubusios lapių kailiais savo pačios noru, persigraužusių savo letenas, kad ištrūktų iš brakonierių spąstų (vyrai taip pat nekalti, rinkdamies skerdynes vardan to, kad lengvabūdiškai moterys prie savo švelnaus kūno priglaustų jų žvėrį)—pati gamta yra žiauri: prostitutesnė ir už įžymiausią Paryžiaus prostitutę privalo būti moteris naktį, įspėjanti slapčiausius vyro įgeidžius;

štai kodėl vyras įviliojo savo moterį į spąstus—švelniu bučiniu į kaklą klastingai privertęs ją mesti popierinį „LA MONDE" pačiame įkarštyje, kad išsitemptų kartu į lapių medžioklę, nes, tik būdami kartu jie ir galėjo tapti milijonieriais, už pasakišką kainą pirkdami savo dukteriai į plaukus mėlyną upės kaspiną (išraižytą klastingais skenduolių tykančiais skardžiais) ir jautėsi laimės viršūnėje matydami žmones, jau seniai palaidotus tuose namuose, pro kuriuos praeidavo—tokius gyvus kaip save!

Auksas buvo niekas (juo buvo galima žaisti, perkant vienas kitam prabangiausius dalykus, čia pat derinant juos prie mylimojo plaukų ar mylimosios ausų spenelių formos): jie mindė auksą, savo žingsniais iš lapų šlamėjimo išgaudami Šagalą ir Šostakovičių, Šumaną ir Šnitkę, jausdami nostalgiją, jog kada nors, tokį pat rudenį kaip šis, jų pačių kūnai ims barstyti lapų auksą, šlamantį labai paprastai:

—Iki pasimatymo kitame gyvenime! Iki kito rudens!

Fox Hunting

I can't imagine a woman willingly covering herself with the pelt of a fox that gnawed at its own feet to escape the trap of the poacher (men too are innocent, slaughtering only because women blithely cuddle beasts to their tender bodies)—nature itself is cruel: more prostituted than the most famous prostitute of Paris must be a woman at night guessing the secret desires of a man;

that is why the man seduced his woman to traps—by a tender kiss on her neck made her drop the paper *La Monde* at the climax of reading to take her fox hunting with him, since only together could they become millionaires, at exorbitant price buying for their daughter's hair a blue ribbon of river (carved through cliffs waiting insidiously for the drowned) and feel themselves at the height of happiness seeing humans long buried in the houses they passed, alive as they were!

Gold was nothing (they could play with it, buying each other the greatest luxuries, matching them to his hair or trying them on her ear): they stamped down gold with their steps, securing from the rustle of leaves Chagall and Shostakovich, Schumann and Schnitke, feeling nostalgic that once in just such an autumn their own bodies began to release golden leaves, rustling in the simplest way:

—Till we meet in the next life! Till next autumn!

Nežinomos Kunigaikštienės Kapas

Kokia vieniša ji jausdavosi pilkoje gotikinėje savo prosenelių pilyje su mirusio Tėvo dvasia, gražia, bet jau sirguliuojančia Motina ir savo pačios dviem vaikais (kurių plaukai kvepėjo paukščių plunksnomis), kai sėkmingos medžioklės dienomis vyras į pilį susikviesdavo visą savo klaną. Jis buvo tartum giria, kuri kada nors turėjo šlamėti ir ošti ant jos kapo.Klano hierarchijos viršūnėj buvo dar tvirti Tėvas ir Motina, trys broliai kaip ąžuolai, keturi vaikai iš vyro pirmosios santuokos su pasirinkusia husarų kapitoną itale grafaite ir pabėgusia vieną naktį su juo niekam nežinoma kryptimi bei vyriausioji marti, padovanojusi kunigaikštienės vyrui pirmagimį anūką.

Kunigaikštienė buvo liesa ir išblyškusi, misdama jai atitekusiais vyro meilės trupiniais, kadangi jo nuolatos nebūdavo namuose: tai jis mokė savo ankstesnės santuokos jaunėlį šaudyti iš lanko, tai puotavo savo vyriausiojo sūnaus vestuvėse (į kurias netgi teikėsi atvykti pabėgusi italė), tai krikštijo anūką, tai rinko nuotaką viduriniajam. Žinoma, gerai, kad jis rūpinosi savo klanu, nuolatos rengdamas jiems triukšmingas puotas, kuriose, netgi savo namuose ji jausdavosi kaip svetimkūnis. Juk ir bažnyčia buvo palaiminusi jo ryšį su itale, tad ir tuomet, kai kunigaikštienė ilgai klūpodavo ąžuolinėje raižytoje prosenelių kriptoje, maldaudama Dangaus užtarimo savo vaikams ir sau, laukdama nesulaukdama kokio nors ženklo, kad jos karšta malda išklausyta, vargšelė jautė, kad net religija negali išsklaidyti jos kartėlio ir neapykantos savo dvilypiam gyvenimui, kuris absoliučiai niekam nei pilyje, nei už jos sienų nerūpėjo.

Ir taip, jau matyt, turėjo likti ligi grabo lentos. Todėl labiausiai kunigaikštienė nenorėjo, kad vyro klanas dalyvautų jos laidotuvėse-visi tie svetimi ąžuolai, beržai ir uosiai, -kurie visuomet bujos, oš ir svyruos toje vietoje, kur kažkada buvo, regis, tik jai priklausantis dalykas—kunigaikštienės kapas.

The Grave of an Unknown Princess

How lonely she felt in her ancestors' gray Gothic castle with the soul of her dead father, her invalid mother, and her two children whose hair smelled like feathers. On successful hunting days her husband would invite his whole clan to the castle: his still-strong father and mother, three brothers like oaks, four children from his previous marriage to an Italian countess who'd run off with the captain of the Hussars, who knows where, and the daughter-in-law who'd made him a present of his first-born grandson. It was like that forest of the future moaning and rustling on her grave.

The princess was thin and pale, living on the crumbs of her husband's love. He was hardly ever at home, now teaching the youngest son by his first marriage how to shoot with a bow, now feasting at the eldest son's wedding (at which the fugitive Italian countess had put in a rare appearance), now baptizing his grandson, now choosing a bride for his middle son. Certainly, it was good that he took care of his family, always organizing noisy feasts for them, at which she felt like a foreign body. But since the church had blessed his union with the Italian woman, the princess felt that not even religion could dispel the hatred and bitterness she felt toward her ambivalent life, that nobody inside or outside of the castle walls gave a damn about her, though she knelt for hours at a time in her ancestors' oak-carved chapel, begging heaven for an intercession.

It seemed that nothing was going to change until she died. That was why, above all, the princess did not want her husband's clan invited to her funeral: all those strange oak, birch, and ash trees rustling and swaying for all time in the one place that had always been hers alone—the grave of the princess.

Vidinė Valstybė

Kažkada jaunystėje (kai naktys praskriedavo tarsi meteoritai—pro šalį—galvą ramstant prie baltos popieriaus paklodės, patiestos ant rašomojo stalo, o ne lovoje, nes galva, o ne pilvas visuomet būdavo nėščia kokiu nors eilėraščiu, tik darbas be sekmadienių barbarų pramogų industrijoje taip išbraukydavo visos savaitės rytus ir popietes, žiemas ir vasaras, jog kalendorius metų pabaigoje tapdavo neįskaitomas kaip Britų Nacionaliniame muziejuje turistų rankų nučiupinėtas keisčiausias dantiraštis—Rosetos akmuo), regis, ji mokėjo branginti tiek save, tiek kitus, troleibuse užleisdama vietą kokiam nors nukriošusiam seneliukui ar pro pirmas duris su vaiku į vidų vos įsigaunančiai moteriai. Šiuo troleibusu, kad negaištų laiko, ji juk važiuodavo į redakcijas, kuriose ir jos rankraščiai staiga pakildavo į orą, kad į jų vietą klastelėtų koks nors personalinis pensininkas. Tuomet tai jos nė nepiktindavo. Juk ji buvo jauna ir privalėjo gerbti daugelį vertybių,—pirmiausia—žilą plauką. Taip elgiantis palengvėdavo net kai kurių uždavinių sprendimas. Pavyzdžiui, jos pačios senatvė atrodė kaip nuolatinis bilietas su pažymėta eile ir vieta, kurį parodžius kontrolieriui, ji ramiai galės žiūrėti niekada nesikartojantį spektaklį. Filmą! Parodą! Koncertą! Lengvatikė. Kokia ji buvo lengvatikė. Ir kaip jai dabar lengva nuo šios lengvatikystės, kurios nė neketina išsižadėti, nors viskas pasirodė ne taip, kaip kažkada įsivaizdavo. Net jeigu gyvenimo transportas, išskleidęs savo iš kelių autobusų sudurstytą akordeoną,linksmai grodamas nuvažiavo tolyn su visais verslininkais ir reketininkais, su bankrutavusiais bankininkais ir abortavusia valstybe, įsitaisiusia prie lango, kad iš aukšto galėtų žiūrėti į paskui bėgančius piliečius, jos vidinė valstybė liko nesugriauta.

Internal State

Once upon a time in youth (when nights rushed past like meteorites—missed!—with her head on a sheet of white paper, lying under the desk and not in bed, because her head rather than her belly was always pregnant by some poem, working without Sunday rest for the barbaric entertainment industry crossing out mornings and afternoons all week long, winter and summer, leaving the calendar at year end unreadable like the cuneiform smudged by tourists' hands in the British Museum—a Rosetta Stone), she seemed able to estimate herself as well as others, in the bus giving up her seat to some decrepit old man or helping a woman with her child squeeze in through the closing doors. She took the bus to save time, riding it to the editorial offices, in which her manuscripts would rise suddenly into the air to give way for some person being given a special pension. At that time it hadn't made her angry. She was young and had to guess at many values—first of all, gray hair. In this way she solved some problems. For instance, her own senility seemed like a permanent ticket with designated row and seat, which upon presentation to the usher would allow her to see a show that never repeats itself. The film! The exhibition! The concert! Gullible. What a gullible person she was. And how easy things are for her because of this gullibility, which she will not renounce, though nothing is as she imagined it would be. Though the transit of life, its several buses joined accordion-like, playing lightheartedly has departed with all the businessmen and swindlers, with the bankers who went broke and the state that miscarried now sitting at the window so that it can look down at its citizens chasing after, her inner state has not been ruined.

Juodasis Asfalto Veidrodis

Kuomet po parodos atidarymo jie visi būriu išgužėjo į naktį, asfaltas žvilgėjo tartum juodas veidrodis. Įdomi pažintis, ypač tarp priešingos lyties asmenų, dažnai suteikia sparnus, todėl Modestas ir Henrieta skubiai prie kojų ėmė prisirišinėti ratukines pačiūžas, kad tik neatsiliktų vienas nuo kito. Vienas nuo kito! Šeimos jau buvo užmirštos ir vienas kitam dabar jie buvo svarbiausi, nes dailininkų, aktorių ir kitų bohemiškos neaiškios profesijos atstovų būrys ėmė skystėti, aiškiai atsilikęs nuo jų karštligiškos kūno kalbos ir rankų padavimo vienas kitam, lyg tokiu būdu šventvagiškai būtų priimamas Sutvirtinimo Sakramentas.

Žodžiais Modė jau buvo nusirengęs pats ir padėjęs nusirengti Henrietai: jų kūnai buvo nuogi lyg rojuje, nors tas rojus, švelniai tariant, buvo keistokas: bet kurią akimirką asfaltas galėjo prasiverti ir visa gauja velnių su Belzebubu priešakyje, kurie ir ruošė šią smalą asfaltui, galėjo nusitempti juos į pragarmę.

Asfalto veidrodis žvilgėjo, tačiau buvo juodas.

Black Asphalt Mirror

After the art opening, when they all tumbled out into the night, the asphalt glittered like a black mirror. An interesting encounter can give one wings, particularly when it is between persons of the opposite sex, which is why Modestas and Henrietta began to tie their roller skates to their legs, so as to keep up with one another. With one another! Families already forgotten, they became the most important person to each other, because the painters, actors, and other assorted bohemians lagging behind them had begun to dissolve, their body language feverish and their hands extended as if giving and receiving mock sacraments of Confirmation.

By way of words "Modie" had now stripped bare and helped Henrietta strip, naked as Paradise, although this Paradise (to put it mildly) was a bit strange: at any moment the asphalt could crack open and that whole gang of devils led by Beezlebub, stirring tar for the asphalt, drag them down into the abyss.

The asphalt mirror was glittering, but it was black.

Intelektualiniai Malonumai

Harvey L. Hix'ui

Intelektualiniai malonumai, man regis, lengviausiai pasiekiami be
seksualinių santykių: tačiau vyras negali visą laiką tik skaityti.

Hester Lynch Thrale Piozzi

I
    Norėčiau būti viena iš meilužių
Jo eilėraštyje apie tai, jog jeigu
tik jų turėtų, Jis atsivestų šias
savo moteris į studiją
tam, pavašintų jas Jack Daniels;
Jo santuokinis gyvenimas būtų
                   laimingas,
mano—taip pat,
bet šiurpuliukai kaip aistros adatos
daigstytų mūsų kūnus,
susikibusius filosofiniame ginče apie
                  Sören Kierkegaard:
ar gali atsižadėjęs moterystės
               ir neturintis vaikų mąstytojas
suvokti Abraomo pasiruošimą sūnaus
              aukai,
jeigu iš jo to reikalauja Dievas,
kuris vienintelis mus tuo metu ir tematytų.
Todėl, dievaži, intelektualinis malonumas
būtų didesnis už kūniškąjį
            ir mums.

Intellectual Pleasures

for Harvey L. Hix

Intellectual pleasures are achieved most readily without sex;
but a man can't read all the time.

—*Hester Lynch Thrale Piozzi*

I
I would like to be one of the women
in the poem about taking imagined
mistresses to his studio
and treating them to Jack Daniels.
His marriage would be happy;
mine as well.
But shivers like needles of passion
would pierce our bodies
as we argued about
      Sören Kierkegaard:
Can a single, childless philosopher
identify with Abraham
preparing to sacrifice his son,
if God
(the same one who sees us together)
demands it of him?
That's why, for God's sake,
intellectual pleasures would exceed the physical
for us, as well.

II

Būdama Jo žmona, didžiuočiausi
    tokiais intelektualiniais pastebėjimais,
kuriuos atveria tik glaudžiausias kūnų ryšys. Filosofija
būtų geležis, o magnetas—meilė. Dviejų vienas kitam skirtų
žmonių buvimas, nutviekstas ryškios išminties liepsnos.
Neprieinamas dubleriams. Arba falsifikatams.
Tik Jam ir Jai netgi ligi apatinių rūbų
                   sureikšminimo,
parinkimo jų komplektams malonybinių žodelių,
              įgaunančių filosofines prasmes
                  Doxa, Begriff, Sfaira,
kai vienas mylintysis sugeba džiaugtis stebėjimu,
laukdamas lovoje kito nuogo kūno prisiglaudimo.
Ir toks laiko praleidimas atrodo Aukščiausiojo
              mums skirta kompensacija už tai,
jog gimstame ir mirštame ne kartu.

II

As his wife, I would be proud
of such intellectual observations,
revealed through the close relationship of bodies.
Philosophy would be iron, the magnet—love.
Two people devoted to each other,
lit up by the bright flame of wisdom;
you can't duplicate that, can't fake it.
For such a couple, important as underwear,
their pet names for each other
would carry a philosophical aura:
> *Doxa, Begriff, Sfaira.*
When one of the lovers, waiting in bed
to snuggle up to the other naked body,
is content just to be watching,
this way of spending time
seems like the Almighty's compensation
for our separate births and deaths.

Šiukšlininkas

Jis ramiai lenkiasi
Prie kiekvieno numesto popiergalio
Centrinėje miesto alėjoje
Pilnoje pasipuošusių ir lengvabūdiškai
        skleidžiančių
Svaigų egzotiškų augalų aromatą
        žmonių:

                Jis lenkiasi taip,
                tartum nusilenktų
                Už save daug didingesnės, daug galingesnės
                Būtybės valiai,
                Reikšmingais ritualiniais
                                judesiais
                Stengdamasis visas į šį pasaulį
                Išbirusias
                Ir toliau sparčiai besidauginančias
                Bjaurybes
                Surinkti atgal, į Pandoros skrynią:

Mačiau tavo fotografiją
Kažkokiame žurnale,—jis sako tai
Žiūrėdamas man tiesiai į akis
        kaip skaitytojas,—
Ir aš pajuntu staigų viesulo gūsį,
Draikantį išplėštą žurnalo puslapį
        betonuotu šaligatviu,
į kurį, tepalikdama juodąją skylę,
Nusibrozdina mano ambicingai
        užsirietusi nosis.

The Trash Collector

He bends down calmly
Near every discarded scrap of paper
On the city's central avenue
Filled with smartly dressed
                    people
Easily giving off the heady
Fragrance of exotic
            plants:

            He bends down in such a way
            That he appears to be bowing
            Before the will of some being
            Much greater, more powerful than he,
            With meaningful ritual
                            movements
            Trying to gather up and put
            All the abominations
            That had fallen
            And had quickly replicated
            Themselves back into Pandora's box:

I saw your photograph
In some magazine—he says
Looking straight into my eyes
            like a reader—
And I feel a sudden gust of wind
Blowing the magazine's torn page
Down the concrete sidewalk,
On which, leaving a black hole,
My ambitious turned up nose
Scrapes itself.

Ir dar aš pajuntu, kaip šiugždėdamas
Nuo manęs atplyšta visas lig tol nesuvoktas
Tuščiagarbiškumas,
Ir aš nusilenkiu šiukšlininkui,
Paaukodama dar vieną popieriuką
Į jo kraitelę.

And I feel how all of this
Until now not understood
Vainglory rustles away from me,
And I bow before the trash collector,
Contributing one more scrap of paper
To his basket.

Jamaica, Wonderful Land

Paskambina žurnalistė, dalyvavusi menininkų susitikime
su verslo atstovais

ir klausia, ar galima
LIETUVOS ŽINIOSE skelbti, jog jo Ekscelencija
                                  Prezidentas

žadėjo mane išsivežti į Jamaica,

pateikus tai žaismingai, matyt
             tam, kad padidėtų laikraščių
                            prenumerata

jokiu būdu!

per daug aš gerbiu valstybės vadovą, už kurį
                        ir balsavau,

kad būčiau dar viena Paula Jones arba Monica Lewinsky,—

palikite tai žinoti tik man ir mano šeimynykščiams

kaip labai gražią ir nerealizuotą svajonę,
kai in the United States of America
mes buvome tokie jauni

o būsimasis jo Ekscelencija jau ir tada buvo
                          laisvas

Jamaica, Wonderful Land

The journalist who took part in the meeting of artists and executives
calls me

to ask permission to publish
in *Lithuanian News* that his Excellency
                              the President

promised to take me to Jamaica,

presenting this playfully, it seems,
                    to increase subscriptions
                                      to the newspaper

by any means!

I have too much respect for the head of state for whom
                              I voted

to become another Paula Jones or Monica Lewinsky—

leave it known only to me and my family

as a beautiful but unrealized dream
when in the United States of America
we were very young

and his future Excellency already, even in that period, was
                              free.

Sunkiausias Darbas

Ir uždavė Pats darbelio:
Iki Saulės patekėjimo
Eketėje išskalauti, išgrumdyti ir išvelėti,
Saulėje, vėjyje ir lietuje išdžiovinti,
Garų lygintuvu išlyginti
Laidotuvių drabužius.

Ir uždavė Pats darbelio:
Iki Saulės patekėjimo
Iš Damasko rožių, iš balčiausių lelijų,
Iš rozmarino ir mirtų nupinti
Laidotuvių vainiką mirusiajam,
Sugalvoti užrašą ir jį dailiai išraižyti,
Kad juo pasidžiaugtų
Juozapato slėnyje.

Ir uždavė Pats darbelio:
Iki Saulės patekėjimo
Nuraminti išsigandusius
Mirusiojo brolius ir seseris,
Užglostyti jų galvutes ir rankeles,
Išaiškinti jiems
Mirties prasmę.

Ir uždavė Pats darbelio:
Iki Saulės patekėjimo
Išdžiovinti bučiniais
Jo ašaras, ištryškusias
Sunkiausią akimirką.

The Hardest Work

And he assigned some work:
Until the sun came up
To scrub, rinse, and wring
Through a hole in the ice,
To dry in the sun,
To press with a steam iron
The funeral attire.

And he assigned some work:
Until the sun came up
From pink damask roses
And the whitest of lilies,
From myrtles and herbs,
To weave a funeral wreath,
To engrave an inscription
They'd read in the valley of Joseph.

And he assigned some work:
Until the sun came up
To soothe the frightened brothers
And sisters of the deceased,
To stroke their little heads and tender hands,
To explain the meaning of death to them.

And he assigned some work:
Until the sun came up
To catch the tears spurting at difficult moments,
To dry them with kisses.

Ir uždavė Pats darbelio:
Iki Saulės patekėjimo
Suklijuoti jo sūnaus
Kūno dalis,
Išrausti jose kanalėlius,
Kad jais srūtų kraujas,
Atmerkti jo susiskliaudusias blakstienas,
Prakalbinti jo šaltas suspaustas lūpas,
Įpūsti jam nesuprantamą
Gyvybę.

And he assigned some work:
Until the sun came up
To glue his son's body parts back together,
To dig small canals so the blood could run through them,
To open the sticky lashes,
To make the cold lips speak,
And to blow incomprehensible life back through them.

Metro Traukinys

Man reikia gelbėti savo gyvenimą, kurį
aš paleidau savieigai lyg miręs elektrovežio vairuotojas
metro traukinį.
Tuo traukiniu važiuoja mano vaikai su
nepakeliamais ir pakeliamais reikalavimais, važiuoja jų Tėvas,
jų Močiutės, Tetos ir kitų artimųjų būrelis.
Tačiau manęs tarp jų nėra, aš niekada nesitaikstyčiau
su tokiu smurtu, brutalumu ir banalybėmis.Negali būti,
jog visa tai atsitiko man, taip šių dalykų nekentusiai
jaunystėje.
Metro tvarkaraštis suplanuotas iš anksčiau, aš nežinau,
koks sąstatas bet kurią minutę gali įsirėžti į mūsų traukinį-
Ligos, nelaimės, nusikaltimai, nesėkmės.Kas nuo jų
apdraustas?
Atsimenu savo vyresnėlį, jo visišką priklausomybę
nuo manęs ligos metu ir savo pašėlusį skubėjimą jį
išvežti už pavojingos zonos. Tada dar aš gyvenau.
Iš tikrųjų lengviau apsimesti mirusia negu regėti,
kaip priešais važiuojantis traukinys traiško visus jam
pakliuvusius kelyje tabu.

Metro Train

I have to save my life, which
has been drifting like an underground train
with a corpse for a driver.

On this train my children, with their
bearable and unbearable demands, are traveling with
their father, grandmothers, aunts, and other relatives.

But I am not among them. I could never accept
such brutality and banality. It may not be real
that this has happened to me, who hated such things
in my youth.

Although there is a timetable, I don't know
what type of train could crash into ours at any moment—

Illness, disaster, crime, failure. Who
is insured against them?

I remember my eldest child's illness, his total
dependence on me, and my frantic rush to drive him
out of the danger zone. I was still alive then.

But in fact it is easier to pretend to be dead
than to watch that oncoming train crushing
every taboo in its way.

Pėdsekiai

I

Pėdsekiai vis vėluoja. Jie mano,
Kad vilkai tebėra senojoje gūžtoje,
Kur sotinas meile visais kūno nareliais.
O, kad taip būtų! Bet vilkei juokingos
Jų pastangos prisiskambinti gyvūnams mobiliuoju
                                    telefonu,
Apie kurį jie nieko nenutuokia.
                        Ir kam jis jiems?
Vilkų karalius surado nakvynės namus, kuriuose
Labdaringa organizacija perrišinėja jo žaizdas,
O žmona ir toliau rūpinasi vilkiukais.
Tačiau tai nereiškia, jog jie nesimato.
Kiekvieną dieną, pamaitinusi vaikus, vilkė
Atideda šį bei tą gardesnio ir buvusio karaliaus
Daliai. Po to, paropojusi atbula
Ir sumėčiusi pėdas, vilkė velkasi
Gerus dvidešimt kilometrų ligi susitikimo vietos.
Ne, ji neišduos jo pėdsekiams. Kiekvieną dieną
Vilkas tampa vis stipresnis, ir netrukus
Ateis laikas, kai jis pareikš savo teises
Į Žvėrių Karūną.

Trackers

I

The trackers are always late. They assume
that the wolves are still in their old nest,
every segment of their bodies sated with love.
Oh, if only it were true! The she-wolf thinks it's funny
how they try to reach the animals by cell phone,
when she can't see any point in owning one.
The king of the wolves has found a hostel
where a charity is once again bandaging his wounds
while his wife takes care of the cubs.
But that doesn't mean they don't see each other.
Daily, after feeding the children, she saves
a few delicious morsels for the king's lot.
Then, crawling backwards to cover up her tracks,
she drags herself to him, about twenty kilometers.
No, she won't betray him to the trackers. Every day
he grows stronger and stronger, and soon will come the time
he reclaims his rights to the Crown of the Beasts.

II

O štai ir nakvynės namai. Vos
Įėjus pro duris vilkė mato, kaip
Balerinos pa de deux koridoriumi
Iš vilko kambarėlio išplasnoja
Susiraukšlėjusi kaip fíga varna, burnoje
Laikanti šlapią neužsidegančią cigaretę.
O, šiandien vilko kambarėlis
Pasikeitęs, nes į jį įkėlė jauną bebrą,
Kuris aštriais priekiniais dantimis mėgino
Persigraužti sau veną. Kas gali žinoti
Dėl ko, nes bent kartą per dieną
Apie tai pagalvojame visi.
Vos vilkas pradeda kandaruoti, labiau panaši
Į pelkių rupūžę, negu į varną,
Būtybė prisistato ir atkanda
Vilkės sumedžioto zuikio kulšį.
Čia tokia tvarka: šių namų gyventojai
Turi dalytis tuo, ką turi, nes visi
Griebia neatsiklausdami
Vienas kito; Vilkas žybteli nagu ir
Galų gale kaip džentelmenas pridega
Raganai neužsidegusią cigaretę.
Kai vakare jie šoks, senė tupės vilkui
                              ant peties.

II

Here, at last, is the hostel. The moment she enters
she sees, pirouetting from the wolf's little room,
a fluttering crow as wrinkled as a fig
with a wet cigarette in her beak.
It turns out the wolf has changed rooms today
because of a young beaver who moved in
and tried to gnaw a vein with his sharp front teeth—
who knows why, though we're all wondering.
No sooner does the male wolf begin to eat
than the crow, transformed to a swamp-toad now,
shows up and bites off the haunch of a hare
that the she-wolf had hunted for him.
There's a house rule here, that the inhabitants
must share whatever they have with others,
since they're all used to grabbing without asking.
At last, with a flash of his claw, the male wolf
lights the hag's cigarette like a gentleman.
Later that evening they'll be dancing,
the old harridan perched on his shoulder.

Kielė Ant Kamino

Vikrus paukštukas ant kamino krašto;
Miestas dega nuodėmių liepsnoje,
Žaižaruojantiems naktiniams barams
                    praryjant lankytojus,

Kurie nuduria vienas kitą.
Striptizo šokėja šiąnakt atsidurs užsienio
Viešnamyje, o grįžtančios iš draugės
                    studentės lavonas

Kaip undinė įsipainios į Nemuno žoles
Po prievartos akto.Vos keli centai
Teįkris į elgetos, klūpančio ant šaligatvio,
Dėžutę nuo margarino, o Samariečių
                    draugijoje

Pritruks labdaros rūbų šiluminėje trasoje
Nakvojančiai benamei. Ir jie, ir pavasario
Laukiantys ligoniai pulsuoja
Miesto plaučiais; dabar milžinas miega,
O pabudęs pradės jaudintis ir pro kamino
                    kraštus

Ims spjaudyti lavą; bet jam gaila kielės,
Tupinčios ant kamino krašto.

The Wagtail on the Chimney

Quick little bird on the rim of the chimney:
the city is burning in the flames of sin
as glittering nightclubs devour the patrons

thrusting at each other. Tonight a stripper
will run through her act in a foreign bordello
and a student coming from a visit to a friend

will snarl like a mermaid in Nemunas River
weeds after getting raped at knife point.
Pennies will fall into the margarine tub
of the beggar kneeling on the public sidewalk,
and a Good Samaritan organization

will run out of clothes for the homeless woman
spending the night above a heating vent.
And they, and all the patients
waiting for spring to arrive, will pulsate
in the city's lungs, and when the sleeping giant

awakens, he'll spit lava through the chimney,
though he pities the wagtail perching on its rim.

Lazerio Spindulys

Meilė yra lazerio spindulys, prasiskverbiantis pro dvigubas užrakinamas duris senelių prieglaudoje, nakvynės namuose ar beprotnamyje, į kurį net tikroji motina atsisako kelti koją.

Tamsus ir painus yra gyvenimo labirintas, kurio katakombose šalia ligi baltumo turistų žvilgsnių nusvidintų savižudžių kaulų riogso ir nužudytųjų kaukolės. Nei vienas iš smalsuolių nėra tikras, kad kas nors panašaus nenutiks ir jam, nors jis turi puikų sutuoktinį, porą žavių vaikučių ir svarią sąskaitą banke.

Kažkada nyrant į meilės sutemas pakakdavo žvakės šviesos, ir dviejų žmonių likimas įgaudavo prasmę.mylėkite taip, kaip Tomas Sojeris ir Beki Tečer, stovintys tamsoje lyg Mozė užgesus žvakei, ir siunčiantys lązerio spindulį pro nerandamas duris, pro rankena atrakinamas duris, pro užšalusią žemę.

The Laser Ray

Love is the laser ray penetrating the deadbolted doors of a nursing home, a motel, or the madhouse one's own mother would refuse to enter.

The labyrinth of life is dark and intricate, and in its catacombs the skulls of murder victims pile up next to the bones of suicides polished to whiteness by the glances of tourists. Not one of the onlookers can be sure it won't happen to him, despite the trophy wife, the two fascinating kids, and the fat bank account.

Once upon a time, candlelight was all it took to plunge into the twilight of love, and the fate of two people still mattered.

To love like Tom Sawyer and Becky Thatcher, standing in the dark like Moses after his candle guttered out, and sending the laser ray through that door that can only be opened by a handle in the frozen ground.

Sūnaus Palaiduno Sugrįžimas

Kiek pskovų reikėjo pravažiuoti, kiek reikėjo aplenkti praskovjų, garsiai besiskundžiančių savo prasigėrusiais sūnumis, jas nužudžiusiais tam, kad pasiglemžtų menkutę pensiją eiliniam degtinės buteliui; regis, tik kovų, skrendančių ta pačia kryptimi jau nuo Kovno snapas, gali papasakoti nebeegzistuojančių žmonių nelaimingas istorijas, bet reikia mums visiems matyt Rembrandtą: suvargęs dulkėta tunika sūnus, kelionėje ilgoj pametęs nunešiotą vyžą ir vos kita besiremiantis į šią šventą žemę, kur, laimei, rado dar gyvą savo tėvą, klūpo prie senolio kojų.Visa povyza tėvas rodo ženklą keltis, nė žodeliu neužsimindamas apie sūnaus gėdingą praeitį; atrodo, kad grįžimas šis—tai jo gyvenimo svajonė, kuri galiausiai išsipildė. Susitikimo sceną stebi ir teisieji broliai, nustėrę, kad kasdieniu darbu ir paklusnumu nenusipelnė tokių stiprių emocijų, kurias paklydėliui išreiškia tėvas.

Paveikslo gilumoj šviesoj ištirpus figūra galėtų būt Aukščiausias, bet jis tik stebi, kaip sūnus Rembrandto tartum saulėgrąža prinoko šviesai, kad tėvui dovanotų šį paveikslą, kurį išvydę nuskriaustieji gyvenimo vėl su nauja jėga sutinka vilkti savo kryžių ...

Return of the Prodigal Son

How many *pskovs* one must pass, how many *praskovyas* one must abandon to their complaints about drunkard sons who would murder them over their scanty pensions just to buy another bottle of whiskey; apparently only the crows all flying the same way out of Kovno can tell sad tales of those long lost, but we all must see Rembrandt:

the defeated son in his dusty tunic, who has lost on his long journey one worn-out sandal and rests the other on this sacred spot where, his father still living, he kneels at the feet of the old man. By his gaze the father implores him to rise, not with one word alluding to the son's shameful past, so that this homecoming seems—this the dream of his long life has come true. The dutiful sons staring at the scene of the meeting are dumbfounded that their daily labors and obedience have not earned them the emotion the father shows for his lost son.

In the depths of the painting this melting figure might be the Almighty, but he only observes how Rembrandt's son like a sunflower turned to the light has given his father the gift of this painting, looking at which leads those wounded by life to consent once more with new commitment to bear their cross . . .

Note: Pskov is a town in Russia; Praskovya is a woman's name; and Kovno is the Russian name of Kaunas, a Lithuanian city that in the reign of Czar Nicholas belonged to Russia.

Grožio Industrijos Įsakymų Komentarai

Rojuje Adomui Ieva tikriausiai atrodė tobula, arba jam mylimoji buvo tokia Tabula Rasa, kad jis net nežinojo, jog pirmoji Rojaus Dama, nepaklausiusi Dievo ir praradusi amžinybę, jau nusileido keliais laipteliais žemyn dar neegzistuojančio pragaro link, pasirašydama sutartį su žalčiu pasivertusiu nelabuoju tam, kad amžinai tobulintų laikiną kūną, pasiremdama Liuciferio sukurtąja išradingąja grožio industrija:

1. Kaip dailininkėms mums paruoštos įvairiausių firmų, formų, formatų paletės formaliam visos galvos plaukų dažymui formaline ar valiūkiškam, iš koto verčiančiam

spalvinimui sruogelėmis,

po kurio visos atrodom kaip

raibosios vištelės;

2. Tam, kad nesigirdėtų pro mūsų lūpas išsprūstančių keiksmažodžių, mūsų **superjausmingoms lūpoms** skirti atsinaujinantys, superblizgūs, kieti ir skysti dažai,

atskiru pieštuku

paryškinant dar nesusiformavusius

kontūrinius ar kultūrinius?

jų žemėlapius;

3. Užuot pačios pakilę į orą, kai įsimylime, mes pasikliaujame balionus kilnojančiu heliu, su kurio pagalba, nepretenduodamos į aerostatą, tepriauginame nulūžusius nagus,

nekalbant jau apie visą

sudėtingą nagų odelių karpymą, mirkymą, poliravimą, įvairiausių konfigūracijų nagų piešinio pritaikymą,
įėjusio į pasaulinio meno istoriją

kaip **nagų dailė;**

4. Lyg radikalios krypties pedofilas, pamanęs, jog susitiko

Marie Sklodowska—Curie

vaikystėje,

Commentaries on Commandments
of the Beauty Industry

In Paradise Eve must have seemed perfect for Adam, or his lover was
to him such a *Tabula Rasa* that he didn't notice that the first lady of
Paradise because of disobedience to God that forfeited Eternity had
gone down already toward a not-yet-existent hell, signing her pact
with the evil spirit who turned himself into a grass snake, in order to
make her perfect temporary body the standard for Lucifer's creative
beauty industry.

1. As for artists so for us are prepared various media, forms, materials,
palettes for coloring the hair painting it with bleach
or voluntarily with a paintbrush
dyeing streaks,
after which we all look like
speckled hens;
2. So that through our lips no curses will slip, to our **supersensitive
lips** are assigned rejuvenating, superbrilliant, solid and liquid lipsticks,
by a separate pencil
making them more distinct as
contour or culture?
maps;
3. Instead of ourselves rising into the air when we fall in love, we rely
upon helium balloons, with the help of which without pretension to
the status of a passenger craft, we only regrow broken nails,
without yet discussing
the complicated trimming of the cuticles, the soaking, polishing,
and painting of nails in various configurations,
which has entered art history
as **the art of nails**;
4. Like a radical pedophile who thinks he has met
Marie Sklodowska-Curie
as a child,

mus kartais užkabina **pedikiūras**,
atsipalaidavusiai mirkant pėdas merkantilizmu
trenkiančioje vonelėje;
5. Kaip su nusikaltėliais mes elgiamės su **savo antakiais**,
nes sukeliame jiems skausmą, išraudamos juos iš
                    nuolatinės gyvenamosios vietos,
skusdamos vos ne plikai, dažydamos, nors kartais apsiribojame
jų papešiojimu, papešimu
                            lyg neklaužadų,
augančių ne ten ir ne taip, kaip reikia;
6. Kiek laiko per dieną mes skiriame **blakstienų dažymui** ir
raitymui kaip voveraitės, jeigu jų dažymas yra
                     ne permanentinis,
arba, kitaip tariant, kas matė voveraites
su nuolatiniais transporto bilietais?
7. Memento mori „Crema Hidratante Suavizante"* ir dieninį kremą
"Pentru toate tipurite de piele"**, o kokioje
                    nepasiekiamoje tolumoje
                    stūkso **veido odos tvirtovė**
                    po kompaktine pudra ir skaistalais!
8. Kas sakė, kad vargas tau, Jeruzale,—vargas tau, moterie, jeigu lyg
                    pentinuotam husarui
                    želia
                    barzda ir ūsai;
9. **Kojų oda** bus glotni kaip šilkinė kojinaitė, jeigu pro ją styrančius
plaukelius pašalinsime skustuvu, įsižiūrėjusios, kaip kasryt
                    prieš veidrodį,
                  lyg atlikdami bausmę,
                      skutasi tos lytys,
                      kuriai taip stengiamės patikti–
                      atstovai;
10. Kadangi visuomenės pasmerkimo susilaukia net šilti ,it kurmio
išrausti
                  pažasčių kauburėliai,

sometimes we are nagged toward **pedicure**
where soothingly we soak our feet in a small bath
that smells of merchandising;
5. We behave like criminals toward **our eyebrows**,
on which we inflict pain by tearing them away

        from their rightful home,
shaving them almost bald, painting them, though sometimes
we confine ourselves to plucking a little, acting

        like naughty children,
pulling them if they don't grow in the right place, in the right way;
6. How much time each day we devote to **painting eyelashes** and
curling them like squirrels' tails if the mascara is

        not permanent,
or, in other words, who has seen a squirrel
with a permanent bus ticket?
7. *Memento mori "Crema Hidratante Suavizante"* * and day cream
"Pentru toate tipurite de piele," ** oh,

        at unattainable distance
      the **tower of complexion** rises
        out of the compact's powder and rouge!
8. Who recalled that misery to you, Jerusalem,—misery to you,
woman, when

        like a spurred hussar
        you grow
        beard and mustache;
9. **The skin of the legs** will be smooth as a silk stocking if we remove
with a razor any protruding hair, monitoring closely how every morning

        before the mirror
      as if enduring torture
        we shave that sex
      by which we work so hard to be liked—
        representatives;
10. Because society considers vulgar even warm, mole-dug
        mounded armpits,

kaip teigiama, vulgarūs ir nederantys prie vakarinių suknelių,

jie turi būti šalinami

iš kūno mokyklų už nedrausmingumą

vasaros stovyklų metu,

nekalbant jau

apie ūksmingą intymiausią vietą,

kuri turi būti apkarpoma

kaip angliško parko

gyvatvorė;

Žodžiu, pramote Ieva, suteikei mums puikiausias galimybes būti gražiomis,o kadangi grožio niekada nebūna gana, leidai taikyti jo vardu net chirurgines intervencijas,

tik dirbti bei auginti vaikus,

deja,

amžinoji,

laiko taip ir nepalikai.

* *Naktinis kremas (it.)*
** *Tinkantis bet kokiai odai (bet kuri iš sugriuvusio Babelio bokšto kalbų)*

as is asserted, and says they clash with evening dresses,
                              they must be eliminated
                   from bodies before the schools of immorality
                        convened as summer camps,
                              not to mention
                        the well-shaded intimate place,
which must be trimmed
                              like the hedgerow
                              of an English park;
In short, original Eve, you offer us the best possibilities to be
beautiful, and even better, since beauty is never enough, you award
its name even to surgical interventions,
                    though to work and raise children,
                              alas,
                        eternal one,
                   you haven't left us enough **time**.

* *An Italian night cream.*
** *Suited for any type of skin (for any language of the ruined tower of Babel).*

Gyvesnis Už Gyvesnį

Rimvydo Šilbajorio atminimui

Sako, kad ne
Gyvas,
Bet tuo negaliu patikėti,
Nes nemačiau savo
            Akimis,
Nebent kūnas sudegintas
Laikinumo laužė
Tam, kad kasmet būtų
Prisimenamas kaip Gajus Gracchus,
Abiejoms motinomis norinčiomis
            Jam būti šalims
Paskelbus „Finnegan's Wake".
                        Tačiau gyv-
                    Esnis, iš tikrųjų gyvesnis
                    Už bet kurį—gal ir ne gyvesnį,
                        Tik laikiniau
                    Žydinčio kaip vyšnios viršūnė
                        Kūno savininką,
                    Nes sena scholastė Mirtis
                    Nepajėgė jo įveikti
                        Išminties dvikovoje,
                    Į kurią buvo iškviesta susipažinimui.
Dar prieš jos pačios sekundanto
            Nurodytą laiką
Jis jau buvo pasikalbėjęs su Mirtimi,
Priversdamas ją pasirodyti ir
            Švelnia seserimi,
Vedančia namo,
Ir elegantiška dama,

More Alive Than Alive

In memory of Rimvydas Silbajoris

They say he is not
Alive,
But I don't believe it,
Because I haven't seen it with my own
       Eyes,
Unless the body was burned
In provisional flames
That allow him each year to be
Recalled as Gaius Gracchus,
When both countries that want to be
     His mother
Announce *Finnegans Wake.*
          But a-
          Live, even more alive
          Than others—maybe not more alive
              But more provisional,
          Blossoming like the cherry
              As proprietor of the body,
          Because no old scholastic Death
          Could defeat him
              In the duel of wisdom,
          The challenge to which was his greeting.
Even before her second
          Appointed time
He had spoken already with Death,
Forcing her to appear as
          A kind sister,
Taking him home,
And as an elegant lady

Žaviai nuslepiančia savo įgimtus
                    Trūkumus,
O trečiame—negailestingiausiame–
                    Jos pavidale,
Jis privertė ją, užmiršus savo
                    Pačios žiaurumą,
Užtraukti lietuvių liaudies dainą.
                              Sako, kad Jo kūno nėra,
                              Bet tuomet
                                        Kodėl
                              Jis su žmona Milda plaukia
                              Karališkos Princesės Laivu,
                                        Kodėl,
                              Jis laiku paspaudžia žiedą,
          Išskleisdamas parašiutą,

                              Kai grėsmingai artėja Žemė,
                              Suskaičiavęs iki trijų
                                        Sekundžių dangaus,
                                        Iš kur
                              Jis semias gailestingumo,
                              Kuris netgi prikelia iš numirusių kitą
                                        Žmogų–
                              Lietuvišką Kvazimodą?
Ir—pagaliau—
          Kodėl jis
                    Yra
Gyvesnis už gyvesnį,
Ne vien oratorijos varžybose pasirodęs
          Šauniau už kasdien garsiai
Ir užtikrintai besitreniruojančią
          Su akmenimis burnoje
          Gyvenimo pakrantėje
          Prakaulią Mokslininkę M.,

Who covered with charm her inherent
        Flaws,
And the third—the most merciless—
        For this form
He made her, forgetting how
        Cruel this was,
Sing a Lithuanian folk song.
                They say his body is gone,
                But then
                        Why
                Is he sailing with his wife Milda
                On the ship Royal Princess,
                        Why
                Does he pull the cord in time
                To open the parachute
                Before the earth's menacing approach,
                Having counted out three
                      Seconds of sky,
                Where
                      Does he find the compassion
                That raises from the dead the other
                    Human—
                A Lithuanian Quasimodo?
And—finally—
    Why does he
        Exist
More alive than alive,
If not because, in her conquest of oratory pursuing
    More prowess each day, loudly
And confidently having trained
    With stones in her mouth
    On the shore of life,
    Skinny Scientist D.

Kuriai taip ir pritrūko argumentų
Jį įkalbėti
Mirti.

Thus was deprived of arguments
  To persuade him
    To die.

Note: Rimvydas Silbajoris, Professor of Slavic Languages at Ohio State, was an influential critic of Lithuanian literature. In the last stanza, Death, the skinny Scientist, imitates Demosthenes' approach to elocutionary training.

Išsigandusi Savo Slapties

Juodomis akimirkomis
Norisi prisipažinti pačiai sau,
Kad gyvenimas
(nenusisekęs?):

O vienakojai
Prie bažnyčios, centrinės gatvės elgetos,
Į kurių tuščias skardines
Taip nenoriai,
Kad net garsiai žvangteli,
Krinta smulkios monetos?

Epileptikai, daunai, aklieji?

Vaikų namų auklėtiniai?

Žmonės,
Palaidoję tuos, kurie dar
Neprivalėjo mirti?

Sunkiai sergantys
Ir žinantys,
Kad patys mirs
Žiauriai sulėtintose kančiose?

Kokia galinga armija susidarytų
Iš tokių (nenusisekusių) gyvenimų?

Bet ar tikrai nenusisekusių?

Tai tokia gelmė,

In Fear of Secrecy

In black moments
I harbor a wish to confess to myself
That my life
(is a failure?):

And what of the lame
Near the church, the beggars on downtown streets,
Whose empty cans'
Resentfulness draws
Magnetically the clatter
Of small coins?

Epileptics, those with Down Syndrome, the blind?

Orphans in a children's home?

People
Who have buried ones
Who died too soon?

The gravely ill
Who know
That they themselves will die
With cruel extended suffering?

How strong an army would be arrayed
From such (failures?) lives?

And are they really failures?

Such depth

Kad, regis, verias
Kažkam svarbiausiam,
Bet su Dievo padėjimu
Išsigandusi savo slapties,
Atsitraukia atgal;

Negi dabar sakysi,
Kad jie gyveno tam,
Kad sugėdytų
Panašius į tave?

Seems an opening
Onto something momentous,
But with God's help,
Fearing its own secrecy,
It draws back;

Now will you say
That is why they live,
To shame
Those like you?

Supresuotas

supresuotas laikas

iš šešiolikos orkaitėje iškeptų
                    paplotėlių
šaldytuve
su kremu ir žele
susluoksniuotas namų darbo tortas

vaikų dekoravimas
                    ir stalo serviravimas,
kai lotyniškai servus
yra vergas, belaisvis, tarnas

kur bute sutelpa
tas milijonas lėkščių
šaltam, karštam, saldžiam
kaip ašaros vaikystėje?

reikia labai gerbti šventes
o dar labiau mylėti draugus
kad taip supresuotum
į kapo duobę
vis sprūstantį laiką

Pressed

pressed time

from sixteen oven-baked
                  scones
in the refrigerator
with frosting and jelly
layered homemade cake

decoration for children
                and setting the table
as in Latin *servus*
is a slave, captive, servant

where in the apartment find room
these million dishes
for cold, hot, sweet
like the tears of childhood?

one must honor holidays
and even more love friends
who would press
to the edge of the grave
the self-dividing time

Acknowledgments

The poems all were written in Lithuanian by Tautvyda Marcinkevičiūtė, and are selected from several of her poetry collections: *Tauridė* (1990), *Medalionas* (1992), *Miegantis vaikas* (1994), *Ist endo ledi ir kiti eilėraščiai* (1995), *Juodasis asfalto veidrodis* (1998), *Gatvės muzikantas* (2001), *Dėkoju už alyvas* (2005), and *K. E. Lionė* (2008).

Some of these translations have enjoyed previous publication in journals, to whose editors the author and translators are grateful:

The Dirty Goat: "Return of the Prodigal Son," "Fanatics," "Old Bachelor," "Fox Hunting"
The Drunken Boat: "Stuffed Cabbage Rolls, My Doves," "Treasures," "The Diamond Mine," "The Ikebana of Happiness," "The Grave of an Unknown Princess," "Games," "Jazz," "The Gossamers of Indian Summer"
Nimrod: "I Would Like," "The Wet Nurse"
Northwest Review: "Tyrant," "Farewell Blues," "A Find," "Widow," "Resignation," "Letter to Sylvia Plath"
The Literary Review: "Mystery Play," "Pregnant Man," "Epitaph for a Dead Infant"

Several persons have participated in translating these poems into English. The author and the editors are grateful to the others involved in the translation for their kind permission to publish the translations in this volume. The translators, and the poems they translated, are:

Julie Kane, Manly Johnson, and the author: "I Would Like," "The Wet Nurse"

Julie Kane, Rima Krasauskytė, and the author: "Stuffed Cabbage Rolls, My Doves," "Black Woman Guest," "Games," "Jazz," "Treasures," "The Gossamers of Indian Summer," "The Diamond Mine," "The Ikebana of Happiness," "The Grave of an Unknown Princess," "Black Asphalt Mirror," "Intellectual Pleasures," "The Hardest Work," "Metro," "Trackers," "The Wagtail on the Chimney," "The Laser Ray"

Nonmatteria Ooho and H. L. Hix: "Resignation"

H. L. Hix and the author: "Resolution on Human Protection for 2050 Years," "A Find," "Mary Poppins," "Farewell Blues," "Medea," "Mystery Play," "Widow," "Abortion," "Hermeneutics," "Tyrant," "Cabaret," "Pregnant Man," "Theological," "Talisman," "Old Bachelor," "Christmas Gift," "Monument," "Whirlpool," "Epitaph for a Dead Infant," "Letter to Sylvia Plath," "Fanatics," "Fox Hunting," "Internal State," "Jamaica, Wonderful Land," "Return of the Prodigal Son," "Commentaries on Commandments of the Beauty Industry," "More Alive Than Alive," "In Fear of Secrecy," "Pressed"

Jonas Zdanys: "The Russian Woman in Paris," "A Patch of Green," "The Pond's Black Eye," "In the City of the Fox," "But So What," "A Ballad About a Ruinous Passion," "The Trash Collector"

The poems translated by Jonas Zdanys are reprinted from his important collection, *Five Lithuanian Women Poets* (Vaga Publishers, 2002).